Kauderwelsch-Sprechführer sind anders!

Warum? Weil sie Sie in die Lage versetzen, wirklich zu sprechen und die Leute zu verstehen.

Wie wird das gemacht? Abgesehen von dem, was jedes Sprachbuch bietet, nämlich Vokabeln, Beispielsätze usw., zeichnen sich die Bände der Kauderwelsch-Reihe durch folgende Besonderheiten aus:

Die **Grammatik** wird in einfacher Sprache so weit erklärt, dass es möglich wird, ohne viel Paukerei mit dem Sprechen zu beginnen, wenn auch nicht gerade druckreif.

Alle Beispielsätze werden doppelt ins Deutsche übertragen: zum einen **Wort-für-Wort**, zum anderen in „ordentliches" Hochdeutsch. So wird das fremde Sprachsystem sehr gut durchschaubar. Denn in einer fremden Sprache unterscheiden sich z. B. Satzbau und Ausdrucksweise recht stark vom Deutschen. Ohne diese Übersetzungsart ist es so gut wie unmöglich, schnell einzelne Wörter in einem Satz auszutauschen.

Die **Autorinnen** und **Autoren** der Reihe sind Globetrotter, die die Sprache im Land selbst gelernt haben. Sie wissen daher genau, wie und was die Leute auf der Straße sprechen. Deren Ausdrucksweise ist nämlich häufig viel einfacher und direkter als z. B. die Sprache der Literatur oder des Fernsehens.

Besonders wichtig sind im Reiseland **Körpersprache, Gesten, Zeichen** und **Verhaltensregeln**, ohne die auch Sprachkundige kaum mit Menschen in guten Kontakt kommen. In allen Bänden der Kauderwelsch-Reihe wird darum besonders auf diese Art der nonverbalen Kommunikation eingegangen.

Kauderwelsch-Sprechführer sind keine Lehrbücher, aber viel mehr als Sprachführer! Wenn Sie ein wenig Zeit investieren und einige Vokabeln lernen, werden Sie mit ihrer Hilfe in kürzester Zeit schon Informationen bekommen und Erfahrungen machen, die „sprachlosen" Reisenden verborgen bleiben.

Inhalt

Grammatik

Inhalt

Konversation

Anhang

Ostseebad Jūrmala

Vorwort

Zu den vielen positiven Auswirkungen des Umbruchs in Osteuropa gehört auch, dass Lettland kein weißer Fleck auf der Reisekarte westeuropäischer Touristen mehr ist. Dies ist um so erfreulicher, als es sich gerade bei Lettland um ein landschaftlich wunderschönes Land mit vielfältigen Attraktionen und einer langen, interessanten Geschichte handelt. Auffallend sind die engen Verbindungen zu Deutschland und seiner Kultur; es faszinieren aber auch die vielen slawischen, finno-ugrischen, skandinavischen und sogar – durch die Zugehörigkeit zur ehemaligen Sowjetunion bedingt – kaukasischen und zentralasiatischen Elemente. Eine Reise nach Lettland ist garantiert ein unvergessliches Erlebnis.

Nach der Wiederherstellung der staatlichen Unabhängigkeit im Jahre 1991 hat in Lettland so gut wie jeder versucht, eine westliche Sprache zu erlernen. Trotzdem wird es für den Reisenden immer von Vorteil sein, sich wenigstens die Anfangsgründe der lettischen Sprache anzueignen. Genau dies will der Kauderwelsch-Band „Lettisch Wort für Wort" ermöglichen: Die Grammatik ist übersichtlich und so einfach wie möglich dargestellt. Dabei musste natürlich manches vereinfacht oder ganz weggelassen werden. „Kenner" der lettischen Sprache könnten deshalb das eine oder das andere vermissen oder gar bemängeln wollen.

Angesichts der ethnischen Situation in Lettland muss man – insbesondere im Osten des Landes – damit rechnen, dass in einigen Ortschaften die Umgangssprache nach wie vor das Russische ist. Hierfür sei ergänzend der Kauderwelsch-Band „Russisch Wort für Wort" empfohlen. Auch in Riga selbst ist der Anteil der russischsprachigen Einwohner nach wie vor ziemlich hoch.

Ich möchte an dieser Stelle all denjenigen danken, die durch ihre Zuschriften dazu beitrugen, dass übersehene Tipp- und Sachfehler in den früheren Ausgaben dieses Bandes beseitigt werden konnten.

Bernard Christophe.

Hören Sie sich Ausprachebeispiele mit Ihrem Smartphone an! Ausgewählte Kapitel im Konversationsteil sind dafür mit einem QR-Code ausgestattet.

Hinweise zur Benutzung

Die Grammatik beschränkt sich auf das Wesentliche. Wer nach der Lektüre gerne noch tiefer in die Grammatik der lettischen Sprache eindringen möchte, findet im Anhang einige Tipps zum Weiterlernen. Natürlich kann man die Grammatik auch überspringen und sofort mit dem Konversationsteil beginnen.

Im Konversationsteil finden Sie Sätze aus dem (touristischen) Alltagsgespräch, die Ihnen einen ersten Eindruck davon vermitteln

Seitenzahlen
Um Ihnen den Umgang mit den Zahlen zu erleichtern, wird auf jeder Seite die Seitenzahl auch in Lettisch angegeben!

sollen, was Sie später in Lettland hören werden. Die blaue Lautschrift erleichtert die Aussprache. Um die andersartige Wortfolge lettischer Sätze zu verstehen, ist die Wort-für-
Wort-Übersetzung in kursiver Schrift ge-
dacht. Jedem lettischen Wort entspricht ein
Wort in der Wort-für-Wort-Übersetzung.

Kāda mūzika?
kaada muusika
was-für-eine Musik
Was für eine Musik?

*Entspricht ein lettisches
Wort mehreren
Wörtern im Deutschen,
sind diese mit einem
Bindestrich verbunden.*

In lettischen Sätzen mit dem Tätigkeitswort
„sein" macht es einen Unterschied, ob Mann
oder Frau spricht, angesprochen wird, oder
ob man über Mann oder Frau spricht:

Esmu vācietis / vāciete.
äßmu waaziätiß / waaziätä
(ich-)bin Deutscher / Deutsche
Ich bin Deutscher / Deutsche.

*Ein Mann spricht die
Variante vor dem
Schrägstrich, eine Frau
die Variante danach.*

Im Normalfall (d. h. außer bei Platzbeschrän-
kungen) wird das persönliche Fürwort für die
Person des Satzgegenstands (Subjekts) vor
dem Tätigkeitswort in Klammern ergänzt:

Kur jūs / Jūs dzīvojat?
kur juuß / juuß dsiiwuojat
wo ihr / Sie (ihr-)wohnt
Wo wohnt ihr / wohnen Sie?

*Alternativen sind
durch einen
Schrägstrich getrennt.*

Um welchen Fall es sich handelt, kann man an der hochgestellten Zahl ablesen.

Kāda mūzika tev patīk?
kaada muusika täu patiik
was-für-eine Musik dir³ (sie-)gefällt
Welche Musik gefällt dir?

Sie können die Beispielsätze als Satzmuster benutzen, aus denen Sie mit einem kleinen bisschen Kreativität und Mut neue Sätze „zusammenbauen" können, auch wenn das Ergebnis nicht immer grammatikalisch perfekt ausfällt. Die Wörterlisten am Ende des Buches helfen Ihnen dabei. Sie enthalten einen Grundwortschatz von je ca. 1.000 Wörtern Deutsch–Lettisch und Lettisch–Deutsch.

Die Umschlagklappe hilft, die wichtigsten Sätze und Formulierungen stets parat zu haben. Hier findet man außerdem die wichtigsten Angaben zur Aussprache und die Abkürzungen, die im Buch verwendet werden; weiterhin eine kleine Liste der wichtigsten Fragewörter, Richtungs- und Zeitangaben. Aufgeklappt ist der Umschlag eine wesentliche Erleichterung, da nun die gewünschte Satzkonstruktion mit dem entsprechenden Vokabular aus den einzelnen Kapiteln kombiniert werden kann.

Wenn alles nicht mehr weiterhilft, dann ist vielleicht das Kapitel „Nichts verstanden? – Weiterlernen!" der richtige Tipp. Es befindet sich ebenfalls im Umschlag, stets bereit, mit der richtigen Formulierung für z. B. „Ich verstehe leider nicht." oder „Können Sie das bitte wiederholen?" auszuhelfen.

Land & Leute

Latvija ist mit 64.000 km² größer als die Schweiz und kleiner als Österreich. Im Osten grenzt es an die Russische Föderation und an die Republik Weißrussland. Zur Zeit hat Lettland ca. 2,2 Mio. Einwohner, von denen 34% in der Hauptstadt Riga leben, der wunderschönen alten Stadt an der Daugava.

Von den Einwohnern Lettlands sind etwas mehr als die Hälfte ethnische Letten und ein Drittel Russen. Die übrigen ca. 13% sind unterschiedlicher Nationalität, darunter ca. 3.000 Lettlanddeutsche. Die Lage der nationalen Minderheiten wurde im Zuge einer lebhaft diskutierten Neuregelung der Staatsangehörigkeitsbestimmungen rechtstaatlich gesichert und dürfte jetzt üblichen europäischen Standards entsprechen.

Die Republik Lettland wurde 1918 gegründet und war bis 1940 unabhängig, als sie von der UdSSR annektiert wurde. Erst 1991 erlangte das Land seine Unabhängigkeit zurück. 2004 wurde es Mitglied der Europäischen Union. Seit der „Wende" 1991 ist eine starke Veränderung im Straßenbild und in allen öffentlichen Einrichtungen zu verzeichnen. Besonders die wirtschaftliche Situation und die mitunter recht schwierigen Beziehungen zum russischen Nachbarn sind Punkte, mit denen sich die Regierung des jungen lettischen Staates ständig beschäftigen muss.

Latvija *ist der lettische Name für Lettland.*

Daugava *ist der lettische Name für den Fluss Düna.*

Karte des Sprachgebiets

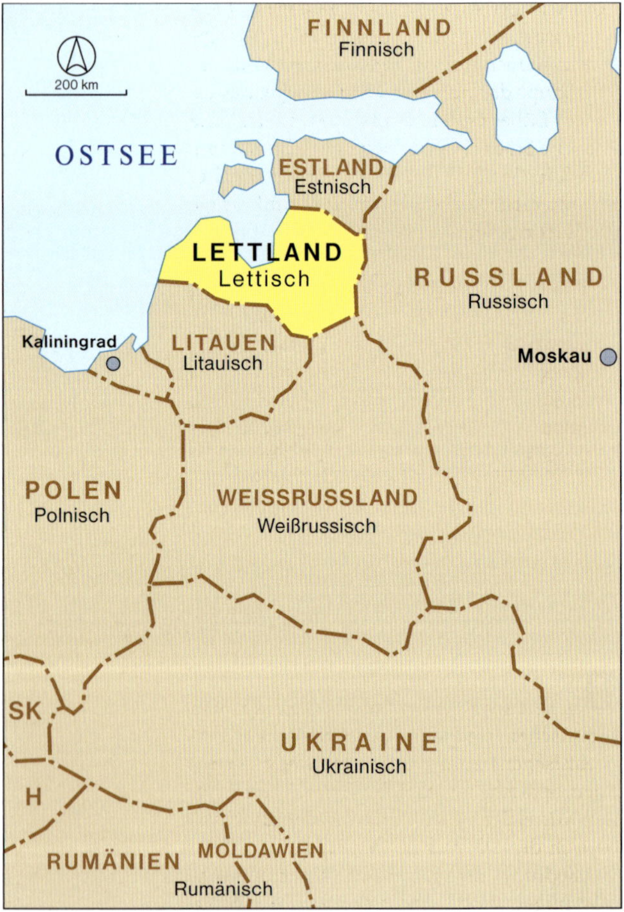
200 km
OSTSEE
FINNLAND
Finnisch
ESTLAND
Estnisch
LETTLAND
Lettisch
RUSSLAND
Russisch
Moskau
Kaliningrad
LITAUEN
Litauisch
POLEN
Polnisch
WEISSRUSSLAND
Weißrussisch
SK
UKRAINE
Ukrainisch
H
RUMÄNIEN
MOLDAWIEN
Rumänisch

Ein wichtiger Aspekt in der Geschichte Lettlands ist die Zugehörigkeit Rigas zur Hanse. Davon zeugen zahlreiche Bauten in Riga und überhaupt das hanseatische Gepräge, das etwas an Lübeck oder Hamburg erinnert. Viele lettische Städte haben auch deutsche Namen, die oft in Geschichtsbüchern oder in der älteren Literatur vorkommen. Hier sind einige der Wichtigsten:

Alūksne	aluukßnä	Marienburg
Cēsis	zääßiß	Wenden
Daugavpils	daugawpilß	Dünaburg
Jelgava	jälgawa	Mitau
Liepāja	liäpaaja	Libau
Sigulda	ßigulda	Segewold
Ventspils	wäntßpilß	Windau

Die lettische Sprache

Das Lettische gehört (zusammen mit dem Litauischen und dem ausgestorbenen Altpreußischen) zum baltischen Zweig der indoeuropäischen Sprachfamilie. Seit dem hohen Mittelalter, als Lettland in den Einflussbereich des Deutschen Ordens kam, bis zur Umsiedlung des größten Teils der deutschstämmigen Bevölkerung während des Zweiten Weltkrieges hat die deutsche Sprache das Lettische stark beeinflusst. Dies spiegelt sich in vielen Bereichen der Grammatik und des Wortschatzes wider. Eine wichtige Rolle spielt dabei auch das Mittelniederdeutsche – die Sprache der Hanse-Kaufleute.

Als Schriftsprache etablierte sich Lettisch im 19. Jahrhundert im Zuge des nationalen Wiedererwachens. Einen maßgeblichen Anteil daran hatte Krišjānis Barons (1835-1923), der lettische Volkslieder sammelte und dadurch die Grundlage für eine lettische Schriftsprache schuf. Der Schrank, den Barons für sein Volksliederarchiv eigens konzipiert und gebaut hatte, gilt bis heute als ein nationales Kleinod und ist in Riga im Barons-Museum ausgestellt. Als „lettischer Goethe" gilt Jānis Rainis (1865-1929), der ein umfassendes Werk geschaffen hat.

Einige Regionen des heutigen Lettlands (insbesondere der südwestliche Teil des Landes und die Küstengebiete), sind traditionell Siedlungsgebiete der Liven – ein finno-ugrisches Volk, dessen Sprache eng mit dem Estnischen und mit dem Finnischen verwandt ist. Es gibt Bestrebungen, die livische Sprache, die immer noch von einigen wenigen (meist älteren) Personen gesprochen wird, wiederzubeleben. Im Lettischen finden sich viele Wörter livischer Herkunft. Auch in der Grammatik lässt sich der livische Einfluss stellenweise ablesen.

Aussprache & Betonung

Wie im Deutschen können Selbstlaute im Lettischen sowohl kurz als auch lang ausgesprochen werden. Abgesehen vom e / ē ist die Aussprache der Selbstlaute recht einfach. In den meisten Lehrbüchern der lettischen Sprache werden die e-Laute irgendwie kenntlich gemacht. Da das lettische Alphabet aber schon genug Sonderzeichen hat, und ich die Sache nicht weiter verkomplizieren möchte, verzichte ich hier auf eine solche Kennzeichnung. Es ist am besten, die exakte Aussprache der e-Laute vor Ort von einem Letten zu lernen.

Selbstlaute (Vokale)

a	a	kurzes „a" wie in „W**a**tte"	labs	labß	*gut*
ā	aa	langes „a" wie in „V**a**ter"	dārzs	daarß	*Garten*
e	ä	kurzes, offenes „ä" wie in „B**e**tt"; bzw. noch offeneres „äh" wie in „g**äh**nen"	ceļš	zäljsch	*Weg*
			esmu	äßmu	*ich bin*
ē	ää	langes „e"	tēvs	tääwß	*Vater*
i	i	kurzes „i" wie in „S**i**tte"	silts	ßiltß	*warm*
ī	ii	langes „i" wie in „v**i**el"	rīts	riitß	*Morgen*
u	u	kurzes „u" wie in „**U**nke"	uguns	ugunß	*Feuer*
ū	uu	langes „u" wie in „St**uh**l"	ūdens	uudänß	*Wasser*
o	uo	ein Doppelselbstlaut zwischen „u" und einem offen und breit ausgesprochenen „o", ähnlich wie in „**Uh**r" mit stimmlosem Schluss-r.	ola	uola / uala	*Ei*
	o	in Fremdwörtern wie „o" in „K**o**nzert"	koncerts	konzärtß	*Konzert*

Doppelselbstlaute (Diphthonge)

laiva laiwa *Boot*	**ai** ai	wie in „M**ai**"
jauks jaukß *schön*	**au** au	wie in „B**au**ch"
nav nau *es gibt nicht*	**av** au	wie „au" in „B**au**ch"
meita mäita *Tochter*	**ei** äi	wie „ay" in „ok**ay**"
liels liälß *groß*,	**ie** iä	nicht langes „i", sondern
iela iäla *Straße*		nacheinander gesprochenes „i" und
		offenes „e" wie in „h**ie**r"
puika puika *Junge*	**ui** ui	wie in „pf**ui**"
tev teu *dir*	**ev** eu	nicht „äu", sondern nacheinander
		gesprochenes „e" + „u"

Mitlaute (Konsonanten)

Die meisten Mitlaute des Lettischen werden etwa wie die entsprechenden Laute im Deutschen ausgesprochen. Hier sind nur diejenigen beschrieben, deren Aussprache vom Deutschen abweicht bzw. abweichen kann.

cilvēks zilwääkß *Mensch*	**c** z	wie „z" in „**Z**eit"
četri tschätri *vier*	**č** tsch	stimmloses „tsch" wie in „**Tsch**eche"
sacīt ßaziit *sagen*	**s** ß	stets stimmlos wie „ß" in „Ma**ß**"
šeit schäit *hier*	**š** sch	stimmloses „sch" wie in „**Sch**ule"
zāles saaläß *Medikament*	**z** s	stimmhaft wie „s" in „Ro**s**e"
dažreiz dashräis	**ž** sh	stimmhaftes „sch", wie das zweite
manchmal		„g" in „Gara**g**e"
džezs dschäsß *Jazz*	**dž** dsch	stimmhaftes „dsch" wie in „**Dsch**ungel"
jā jaa *ja*	**j** j	wie „j" in „**j**a"
rudens rudänß *Herbst*	**r** r	gerolltes „r" wie im Italienischen
visi wißi *alle*	**v** w	wie „w" in „**W**ein"

Die Buchstaben ģ, ķ, ļ und ņ bezeichnen so genannte palatale Laute, die im Gaumenbereich mit einem leichten, kaum hörbaren j-Nachschlag gesprochen werden.

ģ	dj	palatales „g", das zu einem „dj" wie im englischen „d**ue**" *(fällig)* tendiert	ģimene djimänä *Familie*
ķ	kj	palatales „k"	kaķis kakjiß *Katze*
ļ	lj	palatales „l", etwa wie in „Taille"	ļaudis ljaudiß *Leute*
ņ	nj	palatales „n", etwa wie „gn" in „Champa**gn**er"	ņemt njämt *nehmen*

Die lettischen Verschlusslaute p, t und k sind anders als im Deutschen nicht behaucht (d. h. ohne den Beiklang eines folgenden „h") und klingen eher wie im Französischen. Allerdings gibt es im Lettischen dennoch einen Unterschied zwischen p und b, t und d sowie k und g.

k	k	nicht behaucht, wie in frz. „côte"	koks kuokß *Baum / Holz*
p	p	nicht behaucht, wie in frz. „**p**ort"	padoms paduomß *Rat*
t	t	nicht behaucht, wie in frz. „**t**our"	tauta tauta *Volk*

Betonung

Die Betonung ist denkbar einfach. Bis auf wenige Ausnahmen werden alle Wörter auf der ersten Silbe betont, ungeachtet wie lang das Wort ist, oder ob es kurze oder lange Selbstlaute enthält. Manches Wort wird deshalb vielleicht ungewohnt klingen, so z. B. students ßtudäntß *Student*, mit Betonung auf stu-.

Ausnahmen von dieser Regel sind aber ausgerechnet einige wichtige Floskeln:
labdien *guten Tag*
labvakar *guten Abend*
paldies *danke*
(auf der 2. Silbe betont).

Wörter, die weiterhelfen

Sie müssen sich gleich nach Ihrer Ankunft verständlich machen? – Hier das Wichtigste:

Lūdzu, piedodiet!
luudsu piäduodiät
(ich-)bitte entschuldigt!
Entschuldigen Sie, bitte!

Vai jums ir ...? – *Haben Sie ...?*

Vai Jums ir brīva istaba?
wai jumß ir briiwa ißtaba
FW euch[3] (sie-)ist freie Zimmer
Haben Sie ein freies Zimmer?

pilßäätaß plaanß	**pilsētas plāns**①	Stadtplan
autuobußu / wilziänu	**(autobusu / vilcienu)**	(Bus- / Zug-)
ßarakßtß	**saraksts**①	Fahrplan
mineraaluudänß	**minerālūdens**③	Mineralwasser
kafija; tääja	**kafija**⑤; **tēja**⑤	Kaffee; Tee
piänß; zukurß	**piens**①; **cukurs**①	Milch; Zucker
aluß	**alus**④	Bier
ißtaba	**istaba**⑤	Zimmer
kaut kaß äädamß / dßäramß	**kaut kas ēdams / dzerams**	etwas zu essen / trinken

Die Zahlen im Kreis geben Beugungsklassen der Wörter an, aber dazu später!

Jā, ir.	**Nē, nav.**
jaa ir	nää nau
ja (es-)ist	*nein nicht-(es-)ist*
Ja, habe ich.	Nein, habe ich nicht.

Vai (te) ir ...? – *Gibt es (hier) ...?*

Vai te ir viesnīca?
wai tä ir wiäßniiza
FW hier (sie-)ist Hotel
Gibt es hier ein Hotel

Vai te ir restorāns?
wai tä ir räßtoraanß
FW hier (er-)ist Restaurant
... ein Restaurant?

Kur ir ...? – *Wo ist / gibt es ...?*

Kur ir pasts?
kur ir paßtß
wo (er-)ist Post
Wo ist die Post?

Kur ir viesnīca?
kur ir wiäßniiza
wo (sie-)ist Hotel
Wo gibt es ein Hotel?

Kur ir taksometrs?
kur ir takßomätrß
wo (er-)ist Taxi
Wo gibt es ein Taxi?

aptieka⑤; **stacija**⑤	Apotheke; Bahnhof	aptiäka; ßtazija
banka⑤	Bank	banka
vēstniecība⑤	Botschaft	wääßtniäziiba
konsulāts①	Konsulat	konßulaatß
autobusa pietura⑤	Bushaltestelle	autobußa piätura
kafejnīca⑤	Café	kafäjniiza
kempings①	Campingplatz	kämpingß
viesnīca⑤	Hotel	wiäßniiza
universālveikals①	Kaufhaus	universaalwäikalß
slimnīca⑤; **tirgus**④	Krankenhaus; Markt	ßlimniiza; tirguß
policija⑤	Polizei	polizija
restorāns①	Restaurant	räßtoraanß
telefons①; **tualete**⑥	Telefon; Toilette	täläfuonß; tualätä
darbnīca⑤	Werkstatt	darbniiza

tuwu	**tuvu**	nah
taalu; taalaak	**tālu**; **tālāk**	weit; weiter
tä / schäit	**te / šeit**	hier
tur	**tur**	dort
schurb	**šurp**	hierher
turb	**turp**	dorthin
us priäschku	**uz priekšu**	vorwärts
atbakalj	**atpakaļ**	zurück
ba labi	**pa labi**	(nach) rechts
ba kräißi	**pa kreisi**	(nach) links
zitur	**citur**	woanders
wißur	**visur**	überall
krußtuojumß	**krustojums**①	Kreuzung
lukßuofuorß	**luksofors**①	Ampel
zäntraa	**centrā**	im Zentrum
prätii	**pretī**	gegenüber
(täpat) ais ßtuura	**(tepat) aiz stūra**	(gleich) um die Ecke
aarpuß pilßäätaß	**ārpus pilsētas**	außerhalb der Stadt

Es gribētu ... – *Ich möchte ... (4. Fall)*

Es gribētu maizi.
äß gribäätu maisi
ich würde-wollen Brot⁴
Ich möchte Brot.

Es gribētu kafiju.
äß gribäätu kafiju
ich würde-wollen Kaffee⁴
Ich möchte Kaffee.

Es gribētu glāzi piena.
äß gribäätu glaasi piäna
ich würde-wollen Glas⁴ Milch²
Ich möchte ein Glas Milch.

Sehr gebräuchlich ist auch die Formulierung
man, lūdzu + (Sache im 4. Fall):

Man, lūdzu, vienu biļeti līdz Rīgai.
man luudsu wiänu biljäti liids riigai
mir³ (ich-)bitte eine⁴ Fahrkarte⁴ bis Riga³
Für mich bitte eine Fahrkarte nach Riga.

Cik maksa ...? *– Wie viel kostet ...?*

Cik maksā istaba?
zik makßaa ißtaba
wie-viel (sie-)kostet Zimmer
Wie viel kostet das Zimmer?

Cik maksā tālsaruna?
zik makßaa taalßaruna
wie-viel (sie-)kostet Ferngespräch
Wie viel kostet ein Ferngespräch?

Cik tas maksā?
zik taß makßaa
wie viel jener (er-)kostet
Wie viel kostet das?

Mitlautwechsel

Im Lettischen verändert sich bei der Beugung eines Wortes häufig der letzte Mitlaut des Wortstammes. So heißt z.B. nazis *Messer* (Wortstamm: naz-) in der Mehrzahl naži, denn die Mehrzahlendung -i verursacht in diesem Fall den Wechsel des Mitlauts z zu ž. Solche Lautveränderungen sind regelmäßig; deshalb sollte man sich die Regeln für den Mitlaut-wechsel in der folgenden Tabelle genauer an-sehen:

b > bj	**gulbis**	*Schwan*	> **gulbji**	*Schwäne*
p > pj	**upe**	*Fluss*	> **upju**	*der Flüsse*
m > mj	**zeme**	*Land*	> **zemju**	*der Länder*
v > vj	**durvis**	*Tür*	> **durvju**	*der Tür*
l > ļ	**brālis**	*Bruder*	> **brāļa**	*des Bruders*
n > ņ	**ritenis**	*Fahrrad*	> **riteņi**	*Fahrräder*
s > š	**mēnesis**	*Monat*	> **mēneši**	*die Monate*
t > š	**latvietis**	*Lette*	> **latvieši**	*die Letten*
z > ž	**nazis**	*Messer*	> **naža**	*des Messers*
d > ž	**ļaudis**	*Leute*	> **ļaužu**	*der Leute*
c > č	**lācis**	*Bär*	> **lāča**	*des Bären*
dz > dž	**pieredze**	*Erfahrung*	> **pieredžu**	*der Erfahrungen*
g > dz	**augt**	*wachsen*	> **audz**	*du wächst*
k > c	**roka**	*Hand*	> **rociņa**	*Händchen*

Hauptwörter

Im Gegensatz zum Deutschen gibt es im Let-tischen keinen bestimmten Artikel (der, die, das). So kann vilciens „Zug", „ein Zug" oder „der Zug" bedeuten: Das ergibt sich aus dem Zusammenhang. Wie im Kapitel „Eigen-schaftswörter" zu sehen sein wird, bietet das Lettische jedoch die Möglichkeit, den bestimmten Artikel mittels einer Endung wiederzugeben, die an das Eigenschaftswort angehängt wird.

grammatisches Geschlecht

Lettische Hauptwörter (Substantive) können männlich oder weiblich sein. Ein sächliches Geschlecht wie im Deutschen gibt es nicht: „das Haus" z. B. heißt im Lettischen *māja* und ist weiblich. Das grammatische Geschlecht eines lettischen Hauptwortes kann man in der Regel an der Wortendung erkennen.

weibliche Einzahl-Endungen

-a	**māsa** maaßa *Schwester*, **roka** ruoka *Arm / Hand*, **māja** maaja *Haus*	
-e	**māte** maatä *Mutter*, **zeme** sämä *Erde / Land*, **upe** upä *Fluss*	
-s	**sirds** ßirdß *Herz*, **balss** balß *Stimme*, **nakts** naktß *Nacht*	

Einige weitere Endungen können sowohl bei weiblichen wie bei männlichen Hauptwörtern auftreten.

männliche Einzahl-Endungen

-s	**tēvs** tääwß *Vater*, **vārds** waardß *Wort / Name*, **tilts** tiltß *Brücke*	
-š	**ceļš** zäljß *Weg*, **vējš** wääjsch *Wind*	
-is	**brālis** braaliß *Bruder*, **mēnesis** määnäßiß *Monat*	
-ns	**rudens** rudänß *Herbst*, **ūdens** uudänß *Wasser*, **akmens** akmänß *Stein*	
-us	**tirgus** tirguß *Markt*, **alus** aluß *Bier*	

Die Endung -s kommt sowohl bei männlichen als auch bei weiblichen Hauptwörtern vor. Hier kann man das grammatische Geschlecht nur an der Beugung erkennen.

Hauptwörter

Die Hauptwörter werden je nach Beugung in verschiedene Klassen unterteilt. Diese sind in den Wörterlisten immer aufgeführt. Die Klassen [1] bis [4] beinhalten männliche, die Klassen [5] bis [7] weibliche Hauptwörter (aber dazu genauer im Kapitel „Beugung & Fälle“).

Mehrzahl

weibliche Mehrzahl-Endung

Bei der Mehrzahlbildung tritt manchmal ein Mitlautwechsel auf (siehe Kapitel „Mitlautwechsel“ und „Beugung“).

-a > -as	**māsa** maaßa *Schwester* > **māsas** maaßaß *Schwestern*
-e > -es	**māte** maatä *Mutter* > **mātes** maatäß *Mütter*
-s > -is	**nakts** naktß *Nacht* > **naktis** naktiß *Nächte*

männliche Mehrzahl-Endung

-s > -i	**tēvs** tääwß *Vater* > **tēvi** tääwi *Väter*
-š > -i	**ceļš** zäljsch *Weg* > **ceļi** zälji *Wege*
-is > -i	**brālis** braaliß *Bruder* > **brāļi** braalji *Brüder*
-ns > - i	**akmens** akmänß *Stein* > **akmeņi** akmänji *Steine*
-us > -i	**tirgus** tirguß *Markt* > **tirgi** tirgi *Märkte*

Ähnlich wie im Deutschen kommen einige Dinge nur in der Einzahl vor:

| alus; **ledus** | aluß; läduß | Bier; Eis |
| **sviests**; **nauda** | ßwiäßtß; nauda | Butter; Geld |

Einige Hauptwörter kommen dagegen nur in der Mehrzahl vor:

bailes	bailäß	Angst
kāzas	kaasaß	Hochzeit
rudzi	rudsi	Roggen
Ziemsvētki	siämßwäätki	Weihnachten
šaubas	schaubaß	Zweifel

Dieses & Jenes

Die hinweisenden Fürwörter (Demonstrativpronomen) stehen immer vor dem Hauptwort, auf das sie sich beziehen, und richten sich in Zahl und Geschlecht nach diesem.

	männlich			weiblich		
Ez	**šis***	schiß	*dieser*	**ši***	schii	*diese*
Mz	**šie****	schiä	*diese*	**šis****	schiiß	*diese*

	männlich			weiblich		
Ez	**tas**	taß	*jener*	**tā**	taa	*jene*
Mz	**tie**	tiä	*jene*	**tās**	taaß	*jene*

* In der Umgangssprache sagt man auch šitas *schitaß „dieser" bzw.* šitā *schitaa „diese";*
** in der Mehrzahl auch šitie *schitiä „diese" (m) bzw.* šitas *schitaß „diese" (w).*

šis galds	schiß galdß	dieser Tisch
ši istaba	schii ißtaba	dieses Zimmer
šie galdi	schiä galdi	diese Tische
šis istabas	schiiß ißtabaß	diese Zimmer

tas krēsls	taß krääßiß	jener Stuhl
tā grāmata	taa graamata	jenes Buch
tie krēsli	tiä krääßli	jene Stühle
tās grāmatas	taaß graamataß	jene Bücher

Als unpersönliche Form, wie das deutsche „das" in z. B. „das gefällt mir nicht", verwendet man im Lettischen tas:

Tas man nepatīk.
taß man näpatiik
jenes mir[3] nicht-(es-)gefällt
Das gefällt mir nicht

Auch wenn das hinweisende Fürwort durch das Verb „sein" vom Hauptwort getrennt steht (z. B. „das ist ein Tisch"), richtet sich tas in Zahl und Geschlecht nach dem Hauptwort, auf das es sich sinngemäß bezieht.

Tas ir galds.	**Tā ir grāmata.**
taß ir galdß	taa ir graamata
jener[m] (er-)ist Tisch	*jene[w] (sie-)ist Buch*
Das ist ein Tisch.	Das ist ein Buch.

Eigenschaftswörter

Im Lettischen stehen Eigenschaftswörter immer vor dem Hauptwort, auf das sie sich beziehen. Sie stimmen in Geschlecht und Zahl mit dem dazugehörigen Hauptwort überein:

liels galds	liälß galdß	großer Tisch
lieli galdi	liäli galdi	große Tische
laba grāmata	laba graamata	gutes Buch
labas grāmatas	labaß graamataß	gute Bücher

Lettische Eigenschaftswörter haben außer der Form, unter der sie im Wörterbuch aufgeführt werden, der so genannten „unbestimmten Form", auch noch eine „bestimmte" Form. Diese Form wird hauptsächlich dann verwendet, wenn man im Deutschen den bestimmten Artikel verwenden würde.

labs cilvēks
labß zilwääkß
ein guter Mensch

labais cilvēks
labaiß zilwääkß
der gute Mensch

Hier eine Übersicht über die Endungen am Beispiel des Eigenschaftswortes labs labß „gut":

	bestimmt		unbestimmt	
m Ez	-s	labs	-ais	labais
m Mz	-i	labi	-ie	labie
w Ez	-a	laba	-ā	labā
w Mz	-as	labas	-ās	labās

In den Wörterlisten steht immer nur die unbestimmte männliche Einzahlform (Endung -s). Den Stamm eines Eigenschaftswortes erhält man also, indem man das -s am Ende abstreicht.

Nach einem hinweisenden oder einem besitzanzeigenden Fürwort muss das Eigenschaftswort immer in der bestimmten Form stehen:

tas jaunais cilvēks
taß jaunaiß zilwääkß
jener junge Mensch

šī tumšā istaba
schii tumschaa ißtaba
dieses dunkle Zimmer

mans mazais brālis	**tava gaišā istaba**
manß masaiß braaliß	taua gaischaa ißtaba
mein kleiner Bruder	dein helles Zimmer

Analog zum hinweisenden Fürwort richtet sich in Sätzen mit dem Verb „sein" auch das Eigenschaftswort in Zahl und Geschlecht nach dem Hauptwort, wenn es als Ergänzung der Satzaussage (Teil des Prädikats) dient:

Viņš ir labs.	**Viņa ir laba.**
winjsch ir labß	winja ir laba
er (er-)ist gut(m)	*sie (sie-)ist gut*(w)
Er ist gut.	Sie ist gut.

steigern

Zur Erinnerung: Den Stamm erhält man, indem man die männliche Endung -s *abstreicht. Ein Beispiel: der Stamm von* silts *ßiltß „warm" lautet dementsprechend* silt-.

Die 1. Steigerungsstufe (Komparativ) bildet man, indem man an den Stamm ein -āk- anhängt und daran die unbestimmte oder die bestimmte Endung der Eigenschaftswörter. Wenn man also „ein besseres Brot" sagen will, nimmt man den Stamm des Eigenschaftswortes labs (= lab-), fügt dann die Nachsilbe -āk- (= labāk-) hinzu und hängt schließlich die unbestimmte oder die bestimmte weibliche Endung -a bzw. -ā an (maize „Brot" ist im Lettischen weiblich):

labāka maize	**labākā maize**
labaaka maisä	labaakaa maisä
bessere Brot	*bessere(-die) Brot*
ein besseres Brot	das bessere Brot

Die 2. Steigerungsstufe (Superlativ) wird genauso gebildet wie die erste, nur dass der Superlativ stets die bestimmte Endung hat. Labākā maize heißt demnach sowohl „das bessere Brot" als auch „das beste Brot".
 Will man unbedingt zwischen „der größere Tisch" und „der größte Tisch" (beides lielākais galds) unterscheiden – was die Letten selbst relativ selten tun – kann man sich z. B. der (übrigens unbetonten) Vorsilbe vis- bedienen, die in Bedeutung und Funktion dem deutschen „aller-" entspricht:

vislielākais galds
wißliälaakaiß galdß
aller-größerer(-der) Tisch
der größte Tisch

Unregelmäßigkeiten bei der Bildung der Steigerungsformen treten im Lettischen so gut wie nicht auf:

daudz	dauds	viel
vairāk	wairaak	mehr

vergleichen

Um zwei ungleiche Dinge oder Personen miteinander zu vergleichen, verwendet man das Bindewort nekā (bei Verneinungen kā) oder das Verhältniswort par. Das Wort, das die Vergleichsgröße angibt, wird im letzteren Fall im 4. Fall gebeugt:

Maskava ir lielāka nekā Rīga.
maßkawa ir liälaaka näkaa riiga
Moskau (sie-)ist größere als Riga
Moskau ist größer als Riga.

Maskava ir lielāka par Rīgu.
maßkawa ir liälaaka par riigu
Moskau (sie-)ist größere für Riga[4]
Moskau ist größer als Riga.

Šis students ir jaunāks nekā es.
schiß ßtudäntß ir jaunaakß näkaa äß
dieser Student (er-)ist jüngerer als ich
Dieser Student ist jünger als ich.

Šis students ir jaunāks par mani.
schiß ßtudäntß ir jaunaakß par mani
dieser Student (er-)ist jüngerer als ich[4]
Dieser Student ist jünger als ich.

Šī istaba nav lielāka kā tā.
schii ißtaba nau liälaaka kaa taa
diese Zimmer nicht-(sie-)ist größere als jene
Dieses Zimmer ist nicht größer als jenes.

Šī istaba nav lielāka par to.
schii ißtaba nau liälaaka par to
diese Zimmer nicht-(sie-)ist größere für jene[4]
Dieses Zimmer ist nicht größer als jenes.

Die Gleichheit zweier Dinge oder Personen
drückt man aus mit tikpat ... kā oder tikpat ... cik
aus:

Šī pilsēta ir tikpat liela kā / cik tā.
schii pilßääta ir tikpat liäla kaa / zik taa
diese Stadt (sie-)ist ebenso groß wie / wie-viel jene
Diese Stadt ist genauso groß wie jene (Stadt).

einige wichtige Eigenschaftswörter

labs; slikts	labß; ßliktß	gut; schlecht
liels; mazs	liälß; masß	groß; klein
lielisks	liälißkß	großartig
šausmīgs	schaußmiigß	schrecklich
augsts; zems	augtß; sämß	hoch; niedrig
silts; auksts	ßiltß; aukßtß	warm; kalt
dārgs; lēts	daargß; läätß	teuer; billig
gaišs; tumšs	gaischß; tumschß	hell; dunkel
salds; skābs	ßaldß; ßkaabß	süß; sauer
gards	gardß	lecker
nebaudāms	näbaudaamß	ungenießbar
vecs; jauns	wäzß; jaunß	alt; jung / neu
biezs; tievs	biäsß; tiäwß	dick; dünn
skaists	ßkaißtß	schön
neglīts	nägliitß	hässlich
ilgs; īss	ilgß; iiß	lang; kurz
pilns; tukšs	pilnß; tukschß	voll; leer
gudrs; muļķīgs	gudrß; muljkjiigß	klug; dumm
svešs; jauks	ßuäschß; jaukß	fremd; nett
ātrs	aatrß	schnell
lēns	läänß	langsam
saistošs	ßaistoschß	spannend
garlaicīgs	garlaiziigß	langweilig
vienkāršs	wiänkaarschß	einfach
sarežģīts	ßaräshdjiitß	kompliziert
dziļš; sekls	dsiljsch; ßäklß	tief; seicht

Farben

balts; dzeltens	baltß; dsältänß	weiß; gelb
sarkans; **zils**	ßarkanß; silß	rot; blau
zaļš; **brūns**	saljsch; bruunß	grün; braun
pelēks; **melns**	pälääkß; mälnß	grau; schwarz
ruds	rudß	rötlich
zeltains	sältainß	golden
sudrabains	ßudrabainß	silbern
oranžs	oranshß	orange

Fürwörter

Als höfliche Anrede (Sie) verwendet man im Lettischen das persönliche Fürwort für die 2. Person Mehrzahl: jūs juuß „ihr". Dementsprechend wird auch die Tätigkeitsform für die 2. Person Mehrzahl verwendet.

persönliche Fürwörter

es	äß	ich
tu	tu	du
viņš	winjsch	er
viņa	winja	sie(w Ez)
mēs	määß	wir
jūs; **Jūs**	juuß	ihr; Sie(höfl.)
viņi	winji	sie(m Mz)
viņas	winjaß	sie(w Mz)

besitzanzeigende Fürwörter

mans*	manß	mein
tavs*	tauß	dein
viņa	winja	sein
viņas	winjaß	ihr(w Ez)
mūsu	muußu	unser
jūsu; Jūsu	juußu	euer; Ihr(höfl.)
viņu	winju	ihr(m/w, Mz)

* Beachten Sie: mans *und* tavs *richten sich wie Eigenschaftswörter in Zahl und Geschlecht nach dem dazugehörigen Hauptwort und werden auch wie unbestimmte Eigenschaftswörter gebeugt. Alle anderen besitzanzeigenden Fürwörter sind unveränderlich und werden nicht gebeugt.*

mans brālis
manß braaliß
mein Bruder

mana istaba
mana ißtaba
mein Zimmer

mani galdi
mani galdi
meine Tische

tavs dēls
tauß däälß
dein Sohn

tava māsa
tawa maaßa
deine Schwester

tavas grāmatas
tawaß graamataß
deine Bücher

viņa brālis
winja braaliß
sein Bruder

viņa māsa
winja maaßa
seine Schwester

viņa grāmatas
winja graamataß
seine Bücher

Das Fürwort savs wird immer dann verwendet, wenn das als Objekt des Satzes dienende Hauptwort „Besitz" des Subjekts ist. savs heißt „mein / dein / sein usw. eigenes" und richtet sich in Zahl und Geschlecht nach dem Hauptwort, auf das es sich bezieht (dem Objekt).

Beachten Sie also, dass die Entsprechungen von „mein", „dein" usw. im Fall der Rückbezüglichkeit auf das Subjekt (Satzgegenstand) nicht zulässig sind. Sie müssen aber benutzt werden, wenn sie als Besitzanzeiger beim Subjekt selbst stehen.

Es lasu savu grāmatu.
äß laßu ßawu graamatu
ich (ich-)lese eigene[4] Buch[4]
Ich lese mein Buch.

Tu lasi savu grāmatu.
tu laßi ßawu graamatu
du (du-)liest eigene[4] Buch[4]
Du liest dein Buch.

aber: **Tu lasi manu grāmatu.**
tu laßi manu graamatu
du (du-)liest meine[4] Buch[4]
Du liest mein Buch.

Tätigkeitswörter

Die lettischen Tätigkeitswörter (Verben) werden in drei verschiedene Beugungsgruppen (Konjugationen) eingeteilt. Innerhalb dieser Gruppen werden die Tätigkeitswörter aber relativ regelmäßig gebeugt. Weiß man also, dass ein bestimmtes Tätigkeitswort zur Gruppe ①, ② oder ③ gehört, kann man sich ziemlich sicher sein, wie es gebeugt wird.

Ausnahmen treten meistens in der 1. Beugungsgruppe auf.

Leider kann man an der Grundform eines Tätigkeitswortes (z.B. „gehen") nicht immer erkennen, welcher der drei Gruppen es angehört. Es ist deshalb in vielen Fällen ratsam, außer der Grundform auch gleich die Form der 3. Person Gegenwart (z. B. „er geht") mitzulernen. Sollte diese unregelmäßig sein, ist sie in den Wörterlisten im Anhang immer angegeben.

Die Endungen der Grundform sind auf den ersten Blick recht ähnlich, denn sie enden alle auf -t. Manchmal gehört auch der Selbstlaut vor dem -t zur Endung dazu (ē, ā, ī, o).

Beugungsgruppe ①

Dazu gehören alle Tätigkeitswörter, die in der Grundform einsilbig sind.

-t	**iet** iät *gehen*, **nākt** naakt *kommen*, **braukt** braukt *fahren*

Beugungsgruppe ②

-ēt	**redzēt** rädsäät *sehen*, **sēdēt** ßäädäät *sitzen*	*Tätigkeitswörter, deren*
-īt	**lasīt** laßiit *lesen*, **rakstīt** rakßtiit *schreiben*	*Grundform auf*
-āt	**zināt** sinaat *wissen*, **sargāt** ßargaat *hüten*	*-āt oder auf -ēt enden,*
-ināt	**sveicināt** ßwäizinaat *begrüßen*	*können sowohl zur*

2. als auch zur 3.
Gruppe gehören.

Beugungsgruppe ③

-āt	**maksāt** makßaat *kosten*, **runāt** runaat *sprechen*
-ēt	**zīmēt** siimäät *zeichnen*
-ot	**dzīvot** dsiiwuot *leben*, **ceļot** zäljuot *reisen*

Der „einfache Verbstamm" bezeichnet die Grundform ohne die oben beschriebenen Endungen. Demnach ist der einfache Wortstamm von nākt: nāk-, der von runāt: run-. Der einfache Stamm spielt vor allem für die Bildung der verschiedenen Zeiten eine Rolle.

Der „erweiterte Verbstamm" wird erst später behandelt.

Zeiten

Sie erfahren mehr über die zusammengesetzten Vergangenheitsformen im Kapitel „Partizipien (Mittelwörter)".

Im Lettischen gibt es Gegenwart (Präsens), Vergangenheit (Präteritum) und Zukunft (Futur) sowie einige zusammengesetzte Vergangenheitsformen („ich bin gegangen"), die mit Hilfe des Hilfsverbs būt buut „sein" gebildet werden.

Allen Schwierigkeiten zum Trotz gibt es einige Punkte, die Ihnen beim Lettisch lernen sehr entgegenkommen dürften. Lettische Tätigkeitswörter haben immer nur eine einzige Form für die 3. Person, sowohl in der Einzahl als auch in der Mehrzahl. Lediglich das persönliche Fürwort verändert sich:

viņš dod	winjsch duod	er gibt
viņi dod	winji duod	sie geben
viņa runāja	winja runaaja	sie sprach
viņas runāja	winjaß runaaja	sie sprachen[w Mz]

Vorsilben

Lettische Tätigkeitswörter werden oft mit Vorsilben verbunden, die die Bedeutung des Verbs in charakteristischer Weise verändern. Im Deutschen gibt es das auch: „weggehen", „hingehen", „zurückgehen" oder „bearbeiten", „mitarbeiten". Gebeugt werden diese abgeleiteten Tätigkeitswörter genau wie die entsprechenden Verben ohne Vorsilbe. Für den Lernenden ist es eine große Hilfe, diese Vorsilben erkennen zu können:

aiz-	weg-, ab-
ap-	um-, herum-
at-	zurück-, fort-, weg-
ie-	hinein-, ein-
iz-	heraus-, aus-
ne-	(Verneinungsvorsilbe)
no-	ab-, hinab-
pa-	(für kurzzeitige oder weniger intensive Handlungen)
pār-	über-, hinüber; heim-
pie-	heran-, zu-, hinzu-
sa-	zusammen-; zer-, ver- (in viele Teile)
uz-	auf-, hinauf-

Die meisten dieser Vorsilben bezeichnen in erster Linie räumliche Bestimmungen, haben aber darüber hinaus auch noch andere Bedeutungen.

Gegenwart

Die Gegenwartsformen werden je nach Beugungsgruppe unterschiedlich gebildet.

Beugungsgruppe ①

Bei diesen einsilbigen Tätigkeitswörtern bildet man die Gegenwart durch Anhängen folgender Endungen an den „einfachen Stamm":

ich	**es**	**-u**
du	**tu**	**-i / –**
er / sie*	**viņš / viņa**	**–**
wir	**mēs**	**-am**
ihr	**jūs**	**-at**
sie (m / w)*	**viņi / viņas**	**–**

Die Formen für viņš, viņa, viņi, viņas sind in allen Zeitformen identisch. Daher steht im Folgenden immer nur viņš für alle. Die Kennzeichnung „–" bedeutet „keine Endung".

In den Wörterlisten werden unregelmäßige Formen für die 3. und / oder 1. Person immer angegeben.

Zur ersten Gruppe gehören zahlreiche unregelmäßige Tätigkeitswörter, bei denen man von der Grundform (Infinitiv) nicht immer auf den einfachen Wortstamm schließen kann, z. B. iet iät „gehen" – Stamm: ej-, aber 3. Person: iet; oder dot duot „geben" – Stamm: dod.

Tätigkeitswörter, die nach dem Schema ① gebeugt werden, sind in diesem Buch auch mit ① gekennzeichnet.

sākt①a	ßaakt	**beginnen**
es sāku	äß ßaaku	ich beginne
tu sāc	tu ßaaz	du beginnst
viņš sāk	winjsch ßaak	er beginnt
mēs sākam	määß ßaakam	wir beginnen
jūs sākat	juuß ßaakat	ihr beginnt

Bei vielen Verben tritt in der 2. Person Einzahl (du) ein Mitlautwechsel auf. Diese Verben werden in den Wörterlisten mit ①a gekennzeichnet.

lūgt①b	luugt	**bitten**
es lūdzu	äß luudsu	ich bitte
tu lūdz	tu luuds	du bittest
viņš lūdz	winjsch luuds	er bittet
mēs lūdzam	määß luudsam	wir bitten
jūs lūdzat	juuß luudsat	ihr bittet

Tätigkeitswörter mit durchgängigem Mitlautwechsel bei allen Personen werden in den Wörterlisten schließlich mit ①b gekennzeichnet.

Beugungsgruppe ②

Hier unterscheidet man zwischen Grundformen, die auf -ēt oder auf -īt, -āt, -ināt enden.

②		-ēt	-īt / -āt / -ināt
ich	**es**	-u	-u
du	**tu**	-i	-i
er	**viņš**	–	-a
wir	**mēs**	-am	-ām
ihr	**jūs**	-at	-āt

varēt[②]	waräät	**können**
es varu	äß waru	ich kann
tu vari	tu wari	du kannst
viņš var	winjsch war	er kann
mēs varam	määß waram	wir können
jūs varat	juuß warat	ihr könnt

gaidīt[②]	gaidiit	**warten**
es gaidu	äß gaidu	ich warte
tu gaidi	tu gaidi	du wartest
viņš gaida	winjsch gaida	er wartet
mēs gaidām	määß gaidaam	wir warten
jūs gaidāt	juuß gaidaat	ihr wartet

Beugungsgruppe ③

Hier werden die Endungen nicht an den einfachen Wortstamm angehängt, sondern an der Grundform (Infinitiv) ohne das Schluss-t: runāt runaat „sprechen" – einfacher Stamm: run- – erweiterter Stamm: runā-.

Der erweiterte Stamm ist also die Grundform (Infinitiv) ohne das Schluss-t.

③	-ēt, -āt, -ot				
ich	**es**	-ju	wir	**mēs**	-jam
du	**tu**	–	ihr	**jūs**	-jat
er	**viņš**	–			

runāt[③]	runaat	**sprechen**
es runāju	äß runaaju	ich spreche
tu runā	tu runaa	du sprichst
viņš runā	winjsch runaa	er spricht
mēs runājam	määß runaajam	wir sprechen
jūs runājat	juuß runaajat	ihr sprecht

Vergangenheit & Zukunft

Diese Formen sind wesentlich einfacher zu bilden als die der Gegenwart:

Vergangenheit							
	①	②③			①	②③
ich **es**	-u	-ju	wir **mēs**	-ām	-jām
du **tu**	-i	-ji	ihr **jūs**	-āt	-jāt
er **viņš**	-a	-ja			

augt① augt	**lasīt**② laßiit	**dzīvot**③ dsiiwuot
wachsen	**lesen**	**leben**
ich es **augu**	**lasīju**	**dzīvoju**
du tu **augi**	**lasīji**	**dzīvoji**
er viņš **auga**	**lasīja**	**dzīvoja**
wir mēs **augām**	**lasījām**	**dzīvojām**
ihr jūs **augāt**	**lasījāt**	**dzīvojāt**

Bei Gruppe ① *werden die Endungen an den einfachen Stamm gehängt, bei* ② *und* ③ *an den erweiterten.*

Zukunft				
① ② ③				
ich **es**	-šu	wir **mēs**	-sim
du **tu**	-si	ihr **jūs**	-sit
er **viņš**	-s		

sākt① ßaakt	**atbildēt**② atbildäät	**ceļot**③ zäljuot
beginnen	**antworten**	**reisen**
ich es **sākšu**	**atbildēšu**	**ceļošu**
du tu **sāksi**	**atbildēsi**	**ceļosi**
er viņš **sāks**	**atbildēs**	**ceļos**
wir mēs **sāksim**	**atbildēsim**	**ceļosim**
ihr jūs **sāksit**	**atbildēsit**	**ceļosit**

Einige Tätigkeistwörter, deren einfacher Stamm auf -t endet, schieben bei der Beugung in der Zukunft zwischen Stamm und Endung noch ein -ī- ein: sūt-īt *ßuutiit* „schicken" – es sūtīšu *äß ßuutiischu* „ich werde schicken".

Sein & Haben

Wie in vielen anderen Sprachen ist „sein" būt *buut* auch im Lettischen unregelmäßig. Da es sehr häufig vorkommt, hier eine Übersicht über die drei Zeitformen:

sein

Gegenwart	Vergangenheit	Zukunft		
esmu	biju	būšu	*ich* es
esi	biji	būsi	*du* tu
ir	bija	būs	*er* viņš
esam	bijām	būsim	*wir* mēs
esat	bijāt	būsit	*ihr* jūs

Es būšu mājās rīt vakarā.
äß buuschu maajaaß riit wakaraa
ich (ich-)werde-sein Häuser⁵ morgen Abend⁵
Ich bin morgen Abend zu Hause.

Zur Erinnerung: Ist ein Eigenschaftswort Ergänzung der Satzaussage (des Prädikats) in einem Satz mit dem Verb „sein", richtet es sich in Zahl und Geschlecht nach dem Subjekt:

Esmu vecs.
äßmu wäz
(ich-)bin alt(m)
Ich bin alt. *(Mann)*

Esmu veca.
äßmu wäza
(ich-)bin alt(w)
Ich bin alt. *(Frau)*

Tu esi jauns.
tu äßi jaunß
du (du-)bist jung(m)
Du bist jung. *(Mann)*

Tu esi jauna.
tu äßi jauna
du (du-)bist jung(w)
Du bist jung. *(Frau)*

Viņš ir labs.
winjsch ir labß
er (er-)ist gut(m)
Er ist gut.

Viņa ir laba.
winja ir laba
sie (sie-)ist gut(w)
Sie ist gut.

Mēs esam veci.
määß äßam wäzi
wir (wir-)sind alt(m Mz)
Wir sind alt.
(Männer oder gemischt)

Mēs esam vecas.
määß äßam wäzaß
wir (wir-)sind alt(w Mz)
Wir sind alt.
(nur Frauen)

Im Folgenden werden männliche und weibliche Formen durch einen Schrägstrich getrennt angegeben:

Jūs esat jauni / jaunas.
juuß äßat jauni / jaunaß
ihr (ihr-)seid jung(m/w Mz)
Ihr seid jung.

Die erste Variante verwendet man für eine Gruppe von Männern oder gemischte Gruppen, die zweite für eine Gruppe von Frauen.

haben

Für „haben" gibt es im Lettischen kein eigenes Wort. Man verwendet auch dafür Formen von būt buut „sein". Der Besitzer steht dabei immer im 3. Fall, im Sinne von „mir ist" = „ich habe".

Mātei ir grāmata.
maatäi ir graamata
Mutter[3] (sie-)ist Buch
Die Mutter hat ein Buch.

Mums bija liela māja.
mumß bija liäla maaja
uns[3] (sie-)war große Haus
Wir hatten ein großes Haus.

Viņai ir trīsdesmit gadu.
winjai ir triißdäßmit gadu
ihr[3] (es-)ist dreißig Jahre[2]
Sie ist 30 Jahre alt.

Modalverben: wollen, können, dürfen

Wie im Deutschen wird das gebeugte lettische Modalverb mit der Grundform (Infinitiv) des Vollverbs verbunden.

gribēt[2]	varēt[2]	drīkstēt[2]
wollen	können	dürfen

Vai es drīkstu ienākt?	**Es varu gaidīt.**
wai äß driikßtu iänaakt	äß waru gaidiit
FW ich darf hereinkommen	*ich kann warten*
Darf ich hereinkommen?	Ich kann warten.

müssen

Für „müssen" bildet man im Lettischen die so genannte Notwendigkeitsform: Das normale Tätigkeitswort steht in der 3. Person Gegenwart, zusätzlich wird ihm aber noch die Vorsilbe jā- vorangestellt. Das persönliche Fürwort wird dabei im 3. Fall (Dativ) gebeugt.

gaidīt	**es gaidu**	**man jāgaida**
gaidiit	äß gaidu	man jaagaida
warten	*ich (ich-)warte*	*mir³ es-muss-warten*
warten	ich warte	ich muss warten

Statt der Notwendigkeitsform hat man hier auch die Möglichkeit, den Hilfsverbausdruck vajag wajag „es ist nötig, es bedarf" in Verbindung mit der Grundform des Vollverbs zu verwenden. Auch hier wird das persönliche Fürwort im 3. Fall gebeugt:

gaidīt	**man vajag gaidīt**
gaidiit	man wajag gaidiit
warten	*mir³ es-ist-nötig warten*
warten	ich muss warten

vajag kann auch die Bedeutung „brauchen" haben:

Ko jums vajag?

kuo jumß wajag

was[4] euch[3] es-ist-nötig

Was braucht ihr / brauchen Sie?

In diesem Zusammenhang kommt hier schon einmal die Beugung der persönlichen Fürwörter im 3. Fall:

man	man	mir
tev	täu	dir
viņam	winjam	ihm
viņai	winjai	ihr
mums	mumß	uns
jums	jumß	euch
viņiem	winjiäm	ihnen[(m Mz)]
viņām	winjaam	ihnen[(w Mz)]

Will man „müssen" in der Vergangenheit (ich musste) oder in der Zukunft (ich werde müssen) ausdrücken, stellt man die Vergangenheits- bzw. Zukunftsform von būt buut in der 3. Person Einzahl vor die Notwendigkeitsform:

Viņai bija jāgaida.

winjai bija jaagaida

ihr[3] (es-)war (es-)muss-warten

Sie musste warten.

Mums būs jāstrādā.

mumß buuß jaaßtraadaa

uns[3] (es-)wird-sein (es-)muss-arbeiten

Wir werden arbeiten müssen.

Bedingungsform

Für die Bedingungsform (Konditional) hängt man an die Grundform (Infinitiv) noch -u an. Diese Form ist für alle Personen gleich:

būt buut *sein*		
es būtu	äß buutu	ich wäre,
tu būtu	äß buutu	du wärest ...
iet iät *gehen*		
es ietu	äß iätu	ich ginge,
tu ietu	tu iätu	du gingest ...
nopirkt nuopirkt *kaufen*		
es nopirktu	äß nuopirktu	ich kaufte,
tu nopirktu	tu nuopirktu	du kauftest
lasīt laßiit *lesen*		
es lasītu	äß laßiitu	ich läse,
tu lasītu	tu laßiitu	du läsest ...
nākt naakt *kommen*		
es nāktu	äß naaktu	ich käme,
tu nāktu	tu naaktu	du kämest ...

Es gribētu ...   **Kaut viņš nāktu jau šodien!**
äß gribäätu   kaut winjsch naaktu jau schuodiän
ich würde-wollen ... *wenn er käme schon heute*
Ich möchte ...   Wenn er heute schon käme!

Es tavā vietā ...
äß tawaa wiätaa
ich deine[5] Stelle[5] ...
An deiner Stelle ... *(+ Bedingungsform)*

Mēs šodien labprāt gribētu iet uz peldbaseinu.
määß schuodiän labpraat gribäätu iät us päldbaßäinu
wir heute gerne würde-wollen gehen zu Schwimmhalle[4]
Wir möchten heute gerne ins Schwimmbad.

Auffordern & Befehlen

Im Lettischen gibt es zwei Befehlsformen (Imperativ): Eine für Aufforderungen an eine einzelne Person, die man duzt (geh!), und eine für mehrere Personen (geht!), die auch als Höflichkeitsform verwendet wird (gehen Sie!).

Die Aufforderung an eine einzelne Person ist mit der Tätigkeitsform der 2. Person Einzahl Gegenwart (der du-Form) identisch:

esi / esi!	äßi	du bist / sei!
lasi / lasi!	laß	du liest / lies!
piedod / piedod!	piäduod	du entschuldigst / entschuldige!
runā / runā!	runaa	du sprichst / sprich!

Die Mehrzahl- und Höflichkeitsform wird gebildet, indem man die Endung -iet bzw. für Tätigkeitswörter der 3. Beugungsgruppe -jiet an die Befehlsform der Einzahl anhängt.

esi!	äßi	sei!
esiet!	äßiät	seid! / seien Sie!
lasi!	laßi	lies!
lasiet!	laßiät	lest! / lesen Sie!
piedod!	piäduod	entschuldige!
piedodiet!	piäduodiät	entschuldigt! / entschuldigen Sie!
runā!	runaa	sprich!
runājiet!	runaajiät	sprecht!/sprechen Sie!

Endet die Befehlsform der Einzahl bereits auf -i, wird nur -et statt -iet angehängt.

Rückbezügliche Verben

Rückbezügliche Tätigkeitswörter (reflexive Verben, z. B. „sich waschen") enden in der Grundform (Infinitiv) immer auf -ties. Die Personenendungen der folgenden Tabelle werden unter Berücksichtigung des Mitlautwechsels an den einfachen Stamm angehängt.

Beachten Sie, dass in Abhängigkeit von der Beugungsgruppe auch ein -j- eingeschoben werden kann, genauso wie bei den nicht-rückbezüglichen Tätigkeitswörtern derselben Gruppe.

		Gegenw.	Vergang.	Zukunft
ich	es	-os	-os	-šos
du	tu	-ies	-jies	-sies
er	viņš	-as	-ās	-sies
wir	mēs	-amies	-āmies	-simies
ihr	jūs	-aties	-āties	-sities

Hier folgt das Beugungsmuster der rückbezüglichen Tätigkeitswörter am Beispiel von gatavoties③ gatawuotijeß „sich vorbereiten":

		Gegenw.	Vergang.	Zukunft
ich	es	gatavojos	gatavojos	gatavošos
du	tu	gatavojies	gatavojies	gatavosies
er	viņš	gatavojas	gatavojās	gatavosies
wir	mēs	gatavojamies	gatavojāmies	gatavosimies
ihr	jūs	gatavojaties	gatavojāties	gatavosities

Die Befehlsform Einzahl ist mit der Verbform der 2. Person Einzahl (Gegenwart) identisch. Für die Mehrzahlform ersetzt man die Endung -ies durch -ietes bzw. -jies durch -jietes.

gatavo!		**gatavojies!**
gatawuo		gatawuojiäß
bereite zu!		bereite dich vor!

gatavojiet!		**gatavojieties!**
gatawuojiät		gatawuojiätiäß
bereitet zu!		bereiten Sie sich vor!

Rückbezüglichen Verben mit der Endung -ties begegnet man im Lettischen sehr häufig. Diese Endung ersetzt dann -t:

mazgāt③	masgaat	waschen
mazgāties③	masgaatiäß	sich waschen
satikt①	ßatikt	treffen (jmd.)
satikties①	ßatiktiäß	sich treffen
saģērbt①	ßadjäärbt	anziehen (jmd.)
saģērbties①	ßadjäärbtiäß	sich anziehen

Dabei kann das entsprechende rückbezügliche Tätigkeitswort auch einen ganz anderen Sinn erhalten als das nicht-rückbezügliche:

dot①	duot	geben
doties①	duotiäß	sich begeben
izdot①	isduot	herausgeben
izdoties①	isduotiäß	gelingen
sarakstīt②	ßarakßtiit	verfassen
sarakstīties②	ßarakßtiitiäß	korrespondieren

Nicht alle Tätigkeitswörter, die im Lettischen rückbezüglich sind, sind dies notwendigerweise auch im Deutschen:

iepirkties[1]a	iäpirktiäß	einkaufen
mācities[2]	maaziitiäß	lernen
vizināties[3]	wisinaatiäß	spazierenfahren
šaubīties[3]	schaubiitiäß	zweifeln

Riga, von der Düna aus betrachtet

Partizipien

Die Partizipien (Mittelwörter) werden im Lettischen wie folgt gebildet:

aktives Partizip der Gegenwart

Man geht vom „einfachen Stamm" aus und hängt daran -ošs(m Ez) oder -oša(w Ez) an, je nach Zahl und Geschlecht des dazugehörigen Hauptwortes. Die Mehrzahl bildet und beugt man wie bei einem unbestimmten Eigenschaftswort. Beispiel mit mīlēt miiläät „lieben":

mīlošs dēls
miiluoschß däälß
ein liebender Sohn

mīloša meita
miiluoscha mäita
eine liebende Tochter

aktives Partizip der Vergangenheit

Man kann damit zusammen mit dem Hilfsverb **būt** buut zusammengesetzte Zeiten bilden. Es richtet sich in Zahl und Geschlecht nach dem Subjekt. Man streicht von der 3. Person Vergangenheit die Endung -a und hängt -is$^{(m\ Ez)}$, -uši$^{(m\ Mz)}$, -usi$^{(w\ Ez)}$, -ušas$^{(w\ Mz)}$ an:

Das Partizip der Vergangenheit hat ein besonderes Beugungsmuster, das hier nicht näher erklärt werden soll.

viņš gāja
winjsch gaaja
er ging

es esmu gājis
äß äßmu gaajiß
ich bin gegangen

viņš lasīja
winjsch laßiija
er las

viņi bija lasījuši
winji bija laßiijuschi
sie hatten gelesen

Bei rückbezüglichen Tätigkeitswörtern hängt man folgende Endungen an die 3. Person Vergangenheit abzüglich der Endung -ās: -ies$^{(m\ Ez)}$, -usies$^{(w\ Ez)}$, -ušies$^{(m,\ Mz)}$ oder -ušās$^{(w\ Mz)}$.

viņš gatavojās
winjsch gatawuojaaß
er bereitete sich vor

viņš bija gatavojies
winjsch bija gatawuojiäß
er hatte sich vorbereitet

viņa bija gatavojusies
winja bija gatawuojußiäß
sie hatte sich vorbereitet

Verbalsubstantiv

Im Lettischen besteht die Möglichkeit, aus jedem Tätigkeitswort ein Hauptwort (Verbalsubstantiv) abzuleiten, ähnlich wie im Deutschen z.B. „lesen" – „das Lesen". Das lettische Verbalsubstantiv endet stets auf -šana (bzw. bei rückbezüglichen Verben auf -šanās) und wird nach der Beugungsklasse ⑤ der Hauptwörter gebeugt:

braukt①b	braukt	fahren
braukšana⑤	braukschana	das Fahren
redzēt②	rädsäät	sehen
redzēšana⑤	rädsääschana	das Sehen

Per Rad durch Lettlands Wälder

Einige wichtige Verben

Grundform	Gegenwart*	Vergangenheit*	
pienākt①a	pienāk	pienāca	*ankommen*
piezvanīt②	piezvana	piezvanīja	*anrufen*
sākt①a	sāk	sāka	*beginnen*
dabūt③	dabū(n)	dabūja	*bekommen*
maksāt③	maksā	maksāja	*bezahlen*
lūgt①b	lūdz	lūdza	*bitten*
atnest①	atnes	atnesa	*bringen, holen*
izskaidrot③	izskaidro	izskaidroja	*erklären*
ēst①	ēd	ēda	*essen*
braukt①b	brauc	brauca	*fahren*
jautāt③	jautā	jautāja	*fragen*
dot①	dod	deva	*geben*
iet①	iet	gāja	*gehen*
dzirdēt②	dzird	dzirdēja	*hören*
nopirkt①a	nopērk	nopirka	*kaufen*
pazīt②	pazīst	pazina	*kennen*
nākt①a	nāk	nāca	*kommen*
mīlēt②	mīl	mīlēja	*lieben*
darīt②	dara	darīja	*machen*
ņemt②	ņem	ņēma	*nehmen*
sacīt②	saka	sacīja	*sagen*
redzēt②	redz	redzēja	*sehen*
sēdēt②	sēd / sēž	sēdēja	*sitzen*
meklēt③	meklē	meklēja	*suchen*
dzert①	dzer	dzēra	*trinken*
saprast①	saprot	saprata	*verstehen*
gaidīt②	gaida	gaidīja	*warten*
zināt②	zin / zina	zināja	*wissen*
dzīvot③	dzīvo	dzīvoja	*wohnen*
rādīt②	rāda	rādīja	*zeigen*

*angegeben ist jeweils die 3. Person, also „er, sie(Ez/Mz), es"

Umstandswörter

Von fast jedem Eigenschaftswort kann man im Lettischen ein entsprechendes Umstandswort (Adverb) ableiten. Dazu wird in der Regel die Endung -i an den Stamm des Eigenschaftsworts angehängt.

Zur Erinnerung:
Den Stamm erhält
man, indem man von
der männlichen Form
des Eigenschaftswortes
die Endung -s
abstreicht.

	Eigenschaftswort	Umstandswort
gut	**labs** labß	**labi** labi
sparsam	**taupigs** taupiigß	**taupigi** taupiigi
stark	**stiprs** ßtiprß	**stipri** ßtipri
nett	**jauks** jaukß	**jauki** jauki
lettisch	**latvisks** latwißkß	**latviski** latwißki

Bei einigen Eigenschaftswörtern werden die Umstandswörter allerdings mit Hilfe der Endung -u oder -ām gebildet:

nah	**tuvs** tuwß	**tuvu** tuwu
fern	**tāls** taalß	**tālu** taalu
still, leise	**kluss** kluß	**klusu** klußu / **klusām** klußaam
spät	**vēls** wäälß	**vēlu** wäälu
langsam	**lēns** läänß	**lēnām** läänaam / **lēni** lääni

Vergleichen Sie die Verwendung von Eigenschaftswörtern und Umstandswörtern:

lēns / **ātrs autobuss**
läänß / aatrß autobuß
langsamer / schneller(Eigensch.) Bus
ein langsamer / schneller Bus

Autobuss brauc lēnām / ātri.
autobuß brauz läänaam / aatri
Bus (er-)fährt langsam / schnell(Umst.)
Der Bus fährt langsam / schnell.

Viņš ir taupīgs cilvēks.
winjsch ir taupiigß zilwääkß
er (er-)ist sparsam(Eigensch.) Mensch
Er ist ein sparsamer Mensch.

Mans draugs dzīvo taupīgi.
manß draugß dsiiwo taupiigi
mein Freund (er-)lebt sparsam(Umst.)
Mein Freund lebt sparsam.

Man iet labi.   **Viņš runā latviski.**
man iät labi   winjsch runaa latwißki
mir³ (es-)geht gut(Umst.) er spricht Lettisch(Umst.)
Mir geht es gut.   Er spricht Lettisch.

Von gesteigerten Eigenschaftswörtern werden
die entsprechenden Umstandswörter gebildet, indem man lediglich die männliche oder
die weibliche Endung -s bzw. -a wegstreicht:

labs	**labāks / labāka**	**labāk**
labß	labaakß / labaaka	labaak
gut	besserer *(m/w)*	besser *(Umst.)*

lēns	**lēnāks / lēnāka**	**lēnāk**
läänß	läänaakß / läänaaka	läänaak
langsam	langsamerer *(m/w)*	langsamer *(Umst.)*

Fragen

Fragen

Das Fragewort vai *wird in der Wort-für-Wort-Übersetzung immer mit „FW" abgekürzt.*

Auf Entscheidungsfragen antwortet man man mit jā jaa „ja" oder nē nää „nein". Sie werden durch Voranstellung des Fragewortes vai wai vor den Aussagesatz gebildet. Das Fragewort steht stets am Satzanfang:

Tu esi viņas draugs.
tu äßi winjaß draugß
du (du-)bist ihr Freund
Du bist ihr Freund.

Vai tu esi viņas draugs?
wai tu äßi winjas draugß
FW du (du-)bist ihr Freund
Bist du ihr Freund?

Vai mēs braucam uz mājām?
wai määß brauzam us maajaam
FW wir (wir-)fahren nach Häuser[3]
Fahren wir nach Hause?

Jā, mēs braucam.
jaa määß brauzam
ja wir (wir-)fahren
Ja.

Vai Jūs esat mūsu gids?
wai juuß äßat muußu gidß
FW Sie (ihr-)seid unser Reiseleiter
Sind Sie unser Reiseleiter?

Vai mēs esam Rīgā?
wai määß äßam riigaa
FW wir (wir-)sind Riga[5]
Sind wir in Riga?

Mēs nezinām, vai viņas draugs brauc uz koncertu.

määß näsinaam wai winjaß draugß brauz us konzärtu

wir nicht-wissen ob ihr Freund fährt zu Konzert[4]

Wir wissen nicht, ob ihr Freund zum Konzert fährt.

In indirekten Frage-sätzen bedeutet vai *auch „ob".*

Ergänzungsfragen

Ergänzungsfragen werden mit Hilfe von Fragefürwörtern gebildet. Man antwortet darauf mit einem vollständigen Satz.

kas	kaß	wer? / was?
kurš / kura	kursch/kura	welcher? / welche?
kāds / kāda	kaadß / kaada	was für ein / eine?
kā	kaa	wessen? / wie?
kur	kur	wo?
no kurienes	nuo kuriänäß	woher?
uz kurieni	us kuriäni	wohin?
kad	kad	wann?
cik	zik	wie viel?
kāpēc	kaapääz	warum?

Cik maksā?

zik makßaa

wie-viel (es-)kostet

Wie viel kostet es?

Kad mēs tiksimies?

kad määß tikßimiäß

wann wir (wir-)werden-treffen-sich

Wann werden wir uns treffen?

Fragen

Kur Jūs dzīvojat?
kur juuß dsiiwuojat
wo Sie (ihr-)wohnt
Wo wohnen Sie?

Kā klājas?
kaa klaajaß
wie (es-)geht-sich
Wie geht's?

Cik naudas tu turi?
zik naudaß tu turi
wie-viel Geld[2] du (du-)hast
Wie viel Geld hast du?

*kurš, kura, kāds und
kāda richten sich in
Zahl und Geschlecht
nach dem dazu-
gehörigen Hauptwort:*

Kāda mūzika tev patīk?
kaada muusika täu patiik
was-für-eine Musik dir[3] (sie-)gefällt
Was für eine Musik gefällt dir?

Kuri vilcieni?
kuri wilziäni
welche Züge
Welche Züge?

Das Fragefürwort **kas** kann gebeugt werden:

1. Fall (Nominativ)	**kas?**	kaß	wer? / was?
2. Fall (Genitiv)	**kā?**	kaa	wessen?
3. Fall (Dativ)	**kam?**	kam	wem?
4. Fall (Akkusativ)	**ko?**	kuo	wen? / was?
5. Fall (Lokativ)	**kur?**	kur	wo?

■ Sandsteinfelsen an der Gauja (Livland)

Kas ir šis cilvēks?   **Ko Jums vajag?**
kaß ir schiß zilwääkß   kuo jumß wajag
wer (er-)ist dieser Mensch was[4] euch[3] (es-)ist-nötig
Wer ist dieser Mensch?   Was brauchen Sie?

Ko Jūs vēlaties?
kuo wäälatiäß
was[4] Sie (ihr-)wünscht-sich
Was wünschen Sie?

Verneinung

Tätigkeitswörter werden im Lettischen ver-
neint, indem ihnen die Vorsilbe ne- vorangestellt wird:

es esmu	äß äßmu	ich bin
es neesmu	äß nä'äßmu	ich bin nicht
es zinu	äß sinu	ich weiß
es nezinu	äß näsinu	ich weiß nicht
mēs gribam	määß gribam	wir wollen
mēs negribam	määß nägribam	wir wollen nicht

Viņš nav mājās.
winjsch nau maajaaß
er nicht-(er-)ist Häuser[5]
Er ist nicht zu Hause.

Es rīt nebūšu te.
äß riit näbuuschu tä
ich morgen nicht-(ich-)werde-sein hier
Ich werde morgen nicht dasein.

Achtung:
Die Verneinung von
ir ir *„ist" lautet* nav nau
„ist nicht" (und nicht
etwa „neir").

Man kann auch Eigenschaftswörter verneinen, was der deutschen Vorsilbe „un-" entspricht.	**vienāds** wiänaadß gleich	
	nevienāds näwiänaadß ungleich	
	vainīgs wainiigß schuldig	
	nevainīgs näwainiigß unschuldig	
	uzkrītošs uskriituoschß auffällig	
	neuzkrītošs näuskriituoschß unauffällig	

Eine Satzergänzung (Objekt) kann im verneinten Satz statt im 4. Fall auch im 2. Fall stehen.

Vai tu redzi Pēteri?
wai tu rädsi päätäri
FW du (du-)siehst Peter[4]
Siehst du Peter?

In Sätzen mit nav *kann der Satzgegenstand (das Subjekt) statt im 1. Fall auch im 2. Fall stehen:*

Nē, es neredzu Pēteri / Pētera.
nää äß närädsu päätäri / päätära
nein ich nicht-(ich-)sehe Peter[4] / Peter[2]
Nein, ich sehe Peter nicht.

Pēteris / Pētera nav mājās.
pääteriß / päätera nau maajaaß
Peter[1] / Peter[2] nicht-(er-)ist Häuser[5]
Peter ist nicht zu Hause.

verneinende unbestimmte Fürwörter

Alle negativen unbestimmten Fürwörter verlangen im lettischen Satz eine doppelte Verneinung.	**neviens** näwiänß kein einziger, niemand	
	nekas näkaß nichts	
	nekur näkur nirgendwo	
	nekad näkad nie	

Man nekā nav.
man näkaa nau
mir nichts[2] nicht-(es-)ist
Ich habe nichts.

Man nekas nepatīk.
man näkaß näpatiik
mir nichts nicht-(es-)gefällt
Mir gefällt nichts.

Es viņu nekur neredzēju.

äß winju näkur närädsääju

ich ihn/sie² nirgendwo nicht-(ich-)sah

Ich habe ihn / sie nirgendwo gesehen.

Viņš nekad nerunā.

winjsch näkad närunaa

nie nicht-(er-)spricht

Er spricht nie.

Bindewörter

Im Gegensatz zum Deutschen, wo sich die Reihenfolge der Wörter im Satz nach Bindewörtern (Konjunktionen) oft ändert, bleibt diese im Lettischen weitgehend erhalten.

un; arī	un; arii	und; auch
vai	wai	oder / ob
jeb	jäb	oder / beziehungsweise
bet	bät	aber
lai gan	lai gan	obwohl
tomēr	tuomäär	trotzdem / dennoch
jo	juo	weil / denn
ja	ja	wenn / falls
kad	kad	als / wenn (zeitl.)
pēc tam	pääz tam	nachdem
ka	ka	dass
ne ... ne	nä ... nä	weder ... noch
gan ... gan	gan ... gan	sowohl ... als auch
vai nu ... vai	wai nu ... wai	entweder ... oder

Ja rīt būs labs laiks, es braukšu uz jūrmalu.
ja riit buuß labß laikß äß braukschu us juurmalu
wenn morgen (er-)wird-sein guter Wetter
ich (ich-)werde-fahren nach Strand[4]
Wenn morgen schönes Wetter ist, fahre ich an
den Strand.

Es klusēju, jo neprotu runāt latviski.
äß klußääju juo näpruotu runaat latwißki
ich (ich-)schweige weil nicht-(ich-)kann sprechen
lettisch(Umst.)
Ich schweige, weil ich kein Lettisch sprechen
kann.

Stille Wasser sind tief...

Beugung & Fälle

Lettische Haupt-, Für- und Eigenschaftswörter werden, je nachdem, welche Rolle sie innerhalb eines Satzes spielen, nach Fällen gebeugt (dekliniert). Die Beugung ist ein wesentlicher Teil der lettischen Grammatik. Sogar ausländische Eigennamen werden abgewandelt, um dann mit den entsprechenden Fallendungen versehen werden zu können.

Einige wenige Hauptwörter (zumeist Fremdwörter auf -o, *z. B.* auto, radio*) werden nicht gebeugt.*

die sechs Fälle

1. Fall (Nominativ) fragt nach kas kaß *wer / was*
2. Fall (Genitiv) fragt nach kā kaa *wessen*
3. Fall (Dativ) fragt nach kam kam *wem*
4. Fall (Akkusativ) fragt nach ko kuo *wen / was*
5. Fall (Lokativ) fragt nach kur kur *wo*
Einen solchen Fall gibt es im Deutschen nicht.
6. Fall (Vokativ = Anredefall) – Diese Form ist erforderlich, wenn eine Person angeredet wird. Gibt es im Deutschen auch nicht.

In den Wörterlisten stehen die Wörter immer im 1. Fall, der als Nennform dient. In der Wort-für-Wort-Übersetzung sind die Fälle mit hochgestellten Ziffern (123456) gekennzeichnet.

Beugung der Hauptwörter

Die Beugung ist für männliche und weibliche Hauptwörter unterschiedlich. Außerdem gibt es mehrere Beugungsklassen. Zu welcher Beugungsklasse ein Hauptwort gehört, ist meistens an der Fallendung im 1. Fall Einzahl zu erkennen. Man muss allerdings auch noch

Die Beugungsklassen sind durchnummeriert: ①②③④⑤⑥⑦.

das grammatische Geschlecht kennen. Zur Verdeutlichung sind die veränderten Endungen hier mit einem Bindestrich abgetrennt:

männliche Hauptwörter, Einzahl

	①	②	③	④
	draug-s	brāl-is	akmen-s	tirg-us
	draugß	braaliß	akmänß	tirguß
	Freund	**Bruder**	**Stein**	**Markt**
2. Fall (Genitiv)	draug-a	brāl-a	akmen-s	tirg-us
3. Fall (Dativ)	draug-am	brāl-im	akmen-im	tirg-um
4. Fall (Akkusativ)	draug-u	brāl-i	akmen-i	tirg-u
5. Fall (Lokativ)	draug-ā	brāl-ī	akmen-ī	tirg-ū

männliche Hauptwörter, Mehrzahl

	①	②	③	④
	draug-i	brāļ-i	akmeņ-i	tirg-i
	draugi	braalji	akmänji	tirgi
	Freunde	**Brüder**	**Steine**	**Märkte**
2. Fall (Genitiv)	draug-u	brāļ-u	akmeņ-u	tirg-u
3. Fall (Dativ)	draug-iem	brāļ-iem	akmeņ-iem	tirg-iem
4. Fall (Akkusativ)	draug-us	brāļ-us	akmeņ-us	tirg-us
5. Fall (Lokativ)	draug-os	brāļ-os	akmeņ-os	tirg-os

Alle Hauptwörter, die im 1. Fall auf -š enden, wie z. B. ceļš zäljsch „Weg", werden nach der Beugungsklasse ① gebeugt. In den Beugungsklassen ② und ③ tritt Mitlautwechsel auf, und zwar durchgängig in den Mehrzahlformen, bei ② zusätzlich noch in der 2. Fall Einzahl.

weibliche Hauptwörter, Einzahl

⑤	⑥	⑦	
pilsēt-a	zem-e	bals-s	
pilßääta	sämä	balß	
Stadt	**Land / Erde**	**Stimme**	
pilsēt-as	zem-es	bals-s	*2. Fall (Genitiv)*
pilsēt-ai	zem-ei	bals-ij	*3. Fall (Dativ)*
pilsēt-u	zem-i	bals-i	*4. Fall (Akkusativ)*
pilsēt-ā	zem-ē	bals-ī	*5. Fall (Lokativ)*

weibliche Hauptwörter, Mehrzahl

⑤	⑥	⑦	
pilsēt-as	zem-es	bals-is	
pilßäätaß	sämäß	balßiß	
Städte	**Länder**	**Stimmen**	
pilsēt-u	zem-ju	bals-u	*2. Fall (Genitiv)*
pilsēt-ām	zem-ēm	bals-īm	*3. Fall (Dativ)*
pilsēt-as	zem-es	bals-is	*4. Fall (Akkusativ)*
pilsēt-ās	zem-ēs	bals-īs	*5. Fall (Lokativ)*

In Beugungsklasse ⑥ tritt bei allen Hauptwörtern im 2. Fall Mehrzahl Mitlautwechsel auf. Etliche Hauptwörter der Beugungsklasse ⑦ (z. B. pils pilß „Burg") weisen ebenfalls Mitlautwechsel im 2. Fall Mehrzahl auf (z. B. piļu pilju „der Burgen").

Beugung der Eigenschaftswörter

Die unbestimmten und die bestimmten Formen werden hier unterschiedlich gebeugt:

unbestimmte Form

Beispiel: „gut"	m Ez	m Mz	w Ez	w Mz
1. Fall (Nominativ)	lab-s	lab-i	lab-a	lab-as
2. Fall (Genitiv)	lab-a	lab-u	lab-as	lab-u
3. Fall (Dativ)	lab-am	lab-iem	lab-ai	lab-ām
4. Fall (Akkusativ)	lab-u	lab-us	lab-u	lab-as
5. Fall (Lokativ)	lab-ā	lab-os	lab-ā	lab-ās

Besitzanzeigende Fürwörter folgen auch der Beugung der unbestimmte Formen gebeugt.

bestimmte Form

Hinweisende Fürwörter (z. B. šis schiß „dieser", tas taß „jener") werden weitgehend so gebeugt wie die bestimmten Formen des Adjektivs. Diese erhält man, wenn man die männliche Endung der Einzahl -s durch -ais usw. ersetzt.

	m. Ez.		m. Mz.	
1. Fall (Nominativ)	šis / tas	liel-ais	šie / tie	liel-ie
2. Fall (Genitiv)	šā / tā	liel-ā	šo / to	liel-o
3. Fall (Dativ)	šim / tam	liel-ajam	šiem / tiem	liel-ajiem
4. Fall (Akkusativ)	šo / to	liel-o	šos / tos	liel-os
5. Fall (Lokativ)	šajā / tajā	liel-ajā	šajos / tajos	liel-ajos

	w. Ez.		w. Mz.	
1. Fall (Nominativ)	šī / tā	liel-ā	šīs / tās	liel-ās
2. Fall (Genitiv)	šīs / tās	liel-ās	šo / to	liel-o
3. Fall (Dativ)	šai / tai	liel-ajai	šim / tām	liel-ajām
4. Fall (Akkusativ)	šo / to	liel-o	šīs / tās	liel-ās
5. Fall (Lokativ)	šajā / tajā	liel-ajā	šajās / tajās	liel-ajās

Beugung der persönlichen Fürwörter

Einzahl

1. Person		2. Person		3. Person m		3. Person w		
es	*ich*	**tu**	*du*	**viņš**	*er*	**viņa**	*sie*	*1. Fall (Nominativ)*
manis	*mein*	**tevis**	*dein*	**viņa**	*sein*	**viņas**	*ihr*	*2. Fall (Genitiv)*
man	*mir*	**tev**	*dir*	**viņam**	*ihm*	**viņai**	*ihr*	*3. Fall (Dativ)*
mani	*mich*	**tevi**	*dich*	**viņu**	*ihn*	**viņu**	*sie*	*4. Fall (Akkusativ)*
manī	*in mir*	**tevī**	*in dir*	**viņā**	*in ihm*	**viņā**	*in ihr*	*5. Fall (Lokativ)*

Mehrzahl

1. Person		2. Person		3. Person m/w		
mēs	*wir*	**jūs**	*ihr*	**viņi** / **viņas**	*sie*	*1. Fall (Nominativ)*
mūsu	*unser*	**jūsu**	*euer*	**viņu** / **viņu**	*ihr*	*2. Fall (Genitiv)*
mums	*uns*	**jums**	*euch*	**viņiem** / **viņām** *ihnen*		*3. Fall (Dativ)*
mūs	*uns*	**jūs**	*euch*	**viņus** / **viņas**	*sie*	*4. Fall (Akkusativ)*
mūsos		**jūsos**		**viņos** / **viņās**		*5. Fall (Lokativ)*
in uns		*in euch*		*in ihnen*		

Beugung des rückbezüglichen „sich"

1. Fall (Nominativ)	–	
2. Fall (Genitiv)	**sevis**	ßäwiß
3. Fall (Dativ)	**sev**	ßäu
4. Fall (Akkusativ)	**sevi**	ßäwi
5. Fall (Lokativ)	**sevī**	ßäwii

Verhältniswörter

Das Bezugswort eines Verhältniswortes kann im Lettischen in der Einzahl je nach dem Verhältniswort im 2., 3. oder 4. Fall stehen. In der Mehrzahl hingegen ist immer nur der 3. Fall (Dativ) möglich. Beispielsweise verlangt *pie piä* „bei" den 2. Fall, wenn das Bezugswort in der Einzahl steht. Demnach heißt „bei einem Freund" *pie drauga*, aber „bei Freunden" ist *pie draugiem* (3. Fall).

draugs „Freund":
drauga 2. Fall Ez.,
draugiem 3. Fall Mz. .

den 2. Fall Einzahl verlangen:		
aiz	ais	hinter / aus (Grund)
zem	säm	unter
bez	bäs	ohne
no	nuo	von / aus

aiz skapja
ais ßkapja
hinter dem Schrank

aiz prieka
ais priäka
aus Freude

no Rīgas
nuo riigaß
aus Riga

vēstule no drauga
wääßtulä nuo drauga
Brief von einem Freund

no akmens
nuo akmänß
aus Stein

zem gultas
säm gultaß
unter dem
Bett

bez naudas
bäs naudaß
ohne Geld

pēc	**pēc darba**	**pēc stundas**
pääz	pääz darba	pääz ßtundaß
nach	nach der Arbeit	in einer Stunde

pie	**pie drauga**	**pie loga**
piä	piä drauga	piä luoga
bei / an	beim Freund	am Fenster

uz	**uz galda**	
us	us galda	
auf	auf dem Tisch	

den 3. Fall Einzahl verlangt:

līdz	**līdz Latvijai**	**līdz pirmdienai**
liids	liids latwijäi	liids pirmdiänäi
bis	bis Lettland	bis Montag

Aber wie bereits erwähnt: Steht das Bezugswort in der Mehrzahl, wird es – unabhängig
vom Fall, den das Verhältniswort in der Einzahl verlangt – immer im 3. Fall gebeugt.

den 4. Fall Einzahl verlangen:

ar	**ar dēlu**	**rakstīt ar pildspalvu**
ar	ar däälu	rakßtīt ar pildßpalwu
mit	mit dem Sohn	mit Füller schreiben

caur	**caur mežu**
zaur	zaur mäshu
durch	durch den Wald

par	**par mani**	**par Rīgu**
par	par mani	par riigu
für / über	für mich	über Riga

starp	**starp tevi un mani**
ßtarp	ßtarp täwi un mani
zwischen	zwischen dir und mir

uz	**uz Rīgu**	**uz muzeju**
us	us riigu	us musäju
nach / zu	nach Riga	ins Museum

uz stacijas laukumu
us ßtazijaß laukumu
zum Bahnhofsplatz

5. Fall (Lokativ)

Das örtliche „in" wird ohne Verhältniswort, nur durch den bloßen 5. Fall wiedergegeben:

Rīgā	**Latvijā**
Riga[5]	*Lettland[5]*
in Riga	in Lettland

Wer sich das alles nicht merken möchte, hat zwei Möglichkeiten: Entweder man verwendet nach einem Verhältniswort nur Wörter in der Mehrzahl und benutzt dann stets den 3. Fall Mehrzahl. Oder man ignoriert die Beugung und benutzt konsequent den 1. Fall, was zwar ein relativ grober Fehler ist, keinesfalls aber die Verständigung behindert.

Zahlen & Zählen

Die Grundzahlen von 1 bis 9 (außer 3) richten ihr Geschlecht nach dem Hauptwort. Diese Zahlen von 1 bis 9 werden wie die unbestimmten Formen des Adjektivs gebeugt.

Bei Aufzählungen wird stets die männliche Form verwendet.

0	**nulle**	nulä
1	**viens / viena**	wiänß / wiäna
2	**divi / divas**	diwi / diwaß
3	**trīs**	triiß
4	**četri / četras**	tschätri / tschätraß
5	**pieci / piecas**	piäzi / piäzaß
6	**seši / sešas**	ßäschi / ßäschaß
7	**septiņi / septiņas**	ßäptinji / ßäptinjaß
8	**astoņi / astoņas**	aßtuonji / aßtuonjaß
9	**deviņi / deviņas**	däwinji / däwinjaß

Die erstgenannte Form in der Tabelle ist immer die männliche, die zweite die weibliche.

viens zēns	**viena māja**	**divi zēni**	**divas mājas**
wiäna säänß	wiäna maaja	diwi sääni	diwaß maajaß
ein Junge	ein Haus	zwei Jungen	zwei Häuser

10	**desmit**	däßmit
11	**vienpadsmit**	wiänpadßmit
12	**divpadsmit**	diwpadßmit
13	**trīspadsmit**	triißpadßmit
14	**četrpadsmit**	tschätrpadßmit
15	**piecpadsmit**	piäzpadßmit
16	**sešpadsmit**	ßäschpadßmit
17	**septiņpadsmit**	ßäptinjpadßmit
18	**astoņpadsmit**	aßtuonjpadßmit
19	**deviņpadsmit**	däwinjpadßmit

Ab der Zahl 10 werden keine männlichen und weiblichen Formen mehr unterschieden.

Zahlen & Zählen

Die Zehnerzahlen bildet man, indem -desmit „zehn" an den Stamm der Grundzahl angehängt wird. Der Stamm ist das Zahlwort ohne die männliche Endung -i. Im Fall von trīs „drei" ist der Stamm mit dem Zahlwort identisch.

Die Hunderter und Tausender werden auf ähnliche Weise gebildet wie die Zehnerzahlen, nämlich durch Anhängen von -simt „hundert" bzw. -tūkstoš „tausend" an den Stamm der jeweiligen Grundzahl.

20	**divdesmit**	diwdäßmit
30	**trīsdesmit**	triißdäßmit
40	**četrdesmit**	tschätrdäßmit
50	**piecdesmit**	piäzdäßmit
60	**sešdesmit**	ßäschdäßmit
70	**septiņdesmit**	ßäptinjdäßmit
80	**astoņdesmit**	aßtuonjdäßmit
90	**deviņdesmit**	däwinjdäßmit
100	**simts**	ßimtß
200	**divsimt**	diwßimt
300	**trīssimt**	triißimt
400	**četrsimt**	tschätrßimt
500	**piecsimt**	piäzßimt
1000	**tūkstoš**	tuukßtuosch
2000	**divtūkstoš**	diwtuukßtuosch
3000	**trīstūkstoš**	triißtuukßtosch
4000	**četrtūkstoš**	tschätrtuukßtuosch
5000	**piectūkstoš**	piäztuukßtuosch
1 Mio.	**miljons**	miljuonß
2 Mio.	**divi miljoni**	diwi miljuoni
1 Mill.	**miljards**	miljardß
2 Mill.	**divi miljardi**	diwi miljardi

Für zusammengesetzte Zahlen werden die Einer den Zehnern nachgestellt und stimmen im Geschlecht mit dem Hauptwort überein.

21	**divdesmit viens / viena**
	zwanzig eins(m/w)
74	**septiņdesmit četri / četras**
	siebzig vier(m/w)
265	**divsimt sešdesmit pieci / piecas**
	zweihundert sechzig fünf(m/w)

527	**piecsimt divdesmit septiņi / septiņas**
	fünfhundert zwanzig sieben(m/w)
7839	**septintūkstoš astoņsimt trīsdesmit deviņi / deviņas**
	siebentausend achthundert dreißig neun(m/w)

Ordnungszahlen

1.	**pirmais / pirmā**	pirmaiß / pirmaa
2.	**otrais / otrā**	otraiß / otraa
3.	**trešais / trešā**	träschaiß / träschaa
4.	**ceturtais / ceturtā**	zäturtaiß / zäturtaa
5.	**piektais / piektā**	piäktaiß / piäktaa
6.	**sestais / sestā**	ßäßtaiß / ßäßtaa
7.	**septītais / septītā**	ßäptiitaiß / ßäptiitaa
8.	**astotais / astotā**	aßtuotaiß / aßtuotaa
9.	**devītais / devītā**	däwiitaiß / däwiitaa
10.	**desmitais / desmitā**	
11.	**vienpadsmitais / vienpadsmitā**	
12.	**divpadsmitais / divpadsmitā**	
20.	**divdesmitais / divdesmitā**	
30.	**trīsdesmitais / trīsdesmitā**	
50.	**piecdesmitais / piecdesmitā**	
35.	**trīsdesmit piektais / piektā**	
	dreißig fünfter(m) / *fünfte*(w)	
527.	**piecsimt divdesmit septītais / septītā**	
	fünfhundert zwanzig siebter(m) / *siebte*(w)	

Alle Ordnungszahlen werden genauso gebeugt wie die bestimmten Formen der Eigenschaftswörter.

Die Ordnungszahlen von 1. bis 9. sind jedoch im Verhältnis zu den Grundzahlen mehr oder weniger unregelmäßig.

Bei zusammengesetzten Zahlen ist jeweils nur der letzte Bestandteil eine Ordnungszahl.

Bruchzahlen

Im Zähler steht die weibliche Form der Grundzahl, und im Nenner die Ordnungszahl ohne -ais / -ā und daļa(s) dalja(ß) „Teil(e)".

1/2	**puse**	puße
1/3	**viena trešdaļa**	wiäna träschdalja
2/3	**divas trešdaļas**	diwaß träschdaljaß
1/4	**viena ceturtdaļa**	wiäna zäturdalja
3/4	**trīs ceturtdaļas**	triiß träschdaljaß
1/5	**viena piektdaļa**	wiäna piäktdalja
1/7	**viena septītdaļa**	wiäna ßäptiitdalja
3/8	**trīs astotdaļas**	triiß aßtuotdaljaß
1/9	**viena devītdaļa**	wiäna däwiitdalja
1/10	**viena desmitdaļa**	wiäna däßmitdalja

Kommazahlen

zwei und fünf Zehntel	2,5	**divi un piecas desmitdaļas**
		diwi un piäzaß däßmitdaljaß
vier und zwei Zehntel	4,2	**četri un divas desmitdaļas**
		tschätri un diwaß däßmitdaljaß

Prozente

wörtlich: halb-Prozent[2]	0,5%	**pusprocenta**	pußprozänta
	1%	**viens procents**	wiänß prozäntß
sechs Prozente	6%	**seši procenti**	ßaschi prozänti
50 Prozente[1] / Prozente[2]	50%	**piecdesmit procenti / procentu**	
		piäzdäßmit prozänti / prozäntu	
100 Prozente[1] / Prozente[2]	100%	**simt procenti / procentu**	
		ßimt prozänti / prozäntu	

Gebrauch der Fälle beim Zählen

Bei den Zahlen von 2 bis 9 steht das Gezählte immer im 1. Fall Mehrzahl. Ab 10 kann das Gezählte sowohl im 1. Fall Mehrzahl als auch im 2. Fall Mehrzahl stehen. Der Gebrauch des 2. Falls ist nicht immer möglich, so dass man als Anfänger besser beraten ist, immer den 1. Fall zu verwenden.

trīs studenti
triiß ßtudänti
drei Studenten[1]
drei Studenten

desmit draugi / draugu
däßmit draugi / draugu
zehn Freunde[1] / Freunde[2]
zehn Freunde

Beachten Sie: Nach viens „eins" steht das Hauptwort auch in zusammengesetzten Zahlen immer im 1. Fall Einzahl.

divdesmit viens cilvēks
diwdäßmit wiänß zilwääkß
zwanzig ein Mensch(Ez)
einundzwanzig Menschen

Maß- & Mengenangaben

Auch Maß- und Mengenangaben können (außer nach viens wiänß „eins") entweder im 1. oder 2. Fall Mehrzahl stehen.

simt gram-i/-u	ßimt grami / -u	100 Gramm	*100 gr.(Mz)[1] / (Mz)[2]*
viens litrs	wiänß litrß	1 Liter	*1 Liter(Ez)*
viens kilograms	wiänß kilogramß	1 Kilogramm	*1 Kilogramm*

unbestimmte Mengenangaben

(par) daudz	(par) dauds	(zu) viel
pārāk daudz	paaraak dauds	allzu viel
vairāk	wairaak	mehr
apmēram	apmääram	ungefähr
(par) maz	(par) mas	(zu) wenig

Man ir maz naudas.
man ir mas naudaß
mir³ (es-)ist wenig Geld²
Ich habe wenig Geld.

Vai ar to pietiek?
wai ar tuo piätiäk
FW für jener (es-)reicht
Reicht das?

Zeit & Datum

Zunächst ein paar allgemeine Zeitangaben:

šodien	schuodiän	heute
vakar	wakar	gestern
rīt	riit	morgen
aizvakar	aiswakar	vorgestern
parīt	pariit	übermorgen
rītos	riituoß	morgens

priekšpusdienā	**pusdienā**	**pēcpusdienā**
priäkschpußdiänaa	pußdiänaa	pääzpußdiänaa
vormittags	mittags	abends

vakaros	wakaruoß	nachmittags
naktīs	naktiiß	nachts
dienu	diänu	täglich
agri; agrāk	agri; agraak	früh; früher
vēlu; vēlāk	wäälu; wäälaak	spät; später
nekad; reti	näkad; räti	nie; selten
bieži	biäshi	oft
šad un tad	schad un tad	ab und zu
vienmēr	wiänmäär	immer
tagad; tūlīt	tagad; tuuliit	jetzt; sofort
drīz; tad	driis; tad	bald; dann

pagājušajā nedēļa
pagaajuschajaa nedäälja
vorige Woche

šonedēļ
schuonädäälj
diese Woche

nākamnedēļ
naakamnädäälj
nächste Woche

pērn
päärn
voriges Jahr

šogad
schuogad
dieses Jahr

nākamgad
naakamgad
nächstes Jahr

Uhrzeit

pulkstenis②	pulkßtäniß	Uhr(zeit)
laiks①	laikß	Zeit
minūte⑥	minuutä	Minute
ceturksnis②	zäturkßniß	Viertel(stunde)
pus-	puß	halb-
pusstunda⑤	pußtunda	halbe Stunde
stunda⑤	ßtunda	Stunde

Cik ir pulkstenis?
zik ir pulkßtäniß
wie-viel (er-)ist Uhr
Wie viel Uhr ist es?

Tagad pulkstenis ir astoņi.
tagad pulkstäniß ir aßtuonji
jetzt Uhr (er-)ist acht
Es ist jetzt acht Uhr.

Tagad (pulkstenis) ir piecas (minūtes) pāri sešiem.
tagad (pulkßtäniß) ir piäzaß (minuutäß) paari ßäschiäm
jetzt (Uhr) (er-)ist fünf[(w)] (Minuten) nach sechs[(Mz)3]
Es ist jetzt fünf nach sechs.

Tagad (pulkstenis) ir ceturksnis pāri pieciem.
tagad (pulkßtäniß) ir zäturkßniß paari piäziäm
jetzt (Uhr) (er-)ist Viertel nach fünf[Mz)3]
Jetzt ist es viertel nach fünf.

Tagad (pulkstenis) ir pusseptiņi.
tagad (pulkßtäniß) ir pußäptinji
jetzt (Uhr) (er-)ist halb-sieben
Es ist jetzt halb sieben.

Tagad (pulkstenis) ir divdesmit (minūtes) pirms deviņiem.
tagad (pulkßtäniß) ir diwdäßmit (minuutäß) pirmß däwinjiäm
jetzt (Uhr) (er-)ist zwanzig (Minuten) vor neun[Mz)3]
Es ist jetzt zwanzig vor neun.

Cikos?   **Es atnākšu astoņos.**
zikuoß   äß atnaakschu aßtuonjuoß
wie-viel[Mz)5]   *ich werde-ankommen acht*[Mz)5]
Um wie viel Uhr?   Ich komme um acht.

Wochentage

Um „am Montag / am Dienstag" usw. auszudrücken, streicht man lediglich die Endung -a des betreffenden Wochentages ab.

pirmdiena⑤	pirmdiäna	Montag
otrdiena⑤	uotrdiäna	Dienstag
trešdiena⑤	träschdiäna	Mittwoch
ceturtdiena⑤	zäturtdiäna	Donnerstag
piektdiena⑤	piäktdiäna	Freitag
sestdiena⑤	ßäßtdiäna	Samstag
svētdiena⑤	ßwäätdiäna	Sonntag

Es atbraukšu pirmdien.
äß atbraukschu pirmdiän
ich (ich-)werde-ankommen Montag-am
Ich werde am Montag ankommen.

Mēs pulcējamies pirmdienās.
määß pulzääjamiäß pirmdiänaaß
wir (wir-)sich-versammeln Montage(Mz)5
Wir treffen uns montags.

Für „montags" usw. steht der 5. Fall Mz.

Feiertage

Lieldienas	liäldiänaß	Ostern
Ziemasvētki	siämaßwäätki	Weihnachten
Vasarsvētki	waßarßwäätki	Pfingsten
Jaungads	jaungadß	Neujahr

Monate

janvāris②	janwaariß	Januar
februāris②	fäbruaariß	Februar
marts①	martß	März
aprīlis②	apriiliß	April
maijs①	maijß	Mai
jūnijs①	juunijß	Juni
jūlijs①	juulijß	Juli
augusts①	augußts	August
septembris②	ßäptämbriß	September
oktobris②	oktobriß	Oktober
novembris②	nowämbriß	November
decembris②	däzämbriß	Dezember

Die Monatsnamen gehören den Beugungsklassen ① und ② an. Den Ausdruck „im Januar" usw. gibt man mit Hilfe des 5. Falls wieder.

janvārī / februārī
janwaarii / fäbruaarii
Januar[S] / Februar[S]
im Januar / Februar

Jahreszeiten

pavasaris[2]	pawaßariß	Frühling
vasara[S]	waßara	Sommer
rudens[3]	rudänß	Herbst
ziema[S]	siäma	Winter
pavasarī	pawaßarii	im Frühling
vasarā	waßaraa	im Sommer
rudenī	rudänii	im Herbst
ziemā	siämaa	im Winter

*Für „im Sommer"
usw. nimmt man den
5. Fall.*

Datum

diena[S]	diäna	Tag
nedēļa[S]	nädäälja	Woche
mēnesis[2]	määnäßiß	Monat
gads[1]	gadß	Jahr
datums[1]	datumß	Datum

Kāds ir šodien datums?
kaadß ir schuodiän datumß
was-für-ein (er-)ist heute Datum
Welches Datum ist heute?

Šodien ir četrpadsmitais maijs.
schuodiän ir tschätrpadßmitaiß maijß
heute (er-)ist vierzehnter Mai
Heute ist der 14. Mai.

Šodien ir tūkstoš deviņsimt deviņdesmit trešā gada trešais oktobris.

schuodiän ir tuukßtuoß däwinjßimt däwinjdäßmit träschaa gada träschaiß oktobriß

heute (er-)ist tausend neunhundert neunzig drittes[(w)] Jahr[2] dritter Oktober

Heute ist der 3. Oktober 1993.

vienpadsmitajā augustā

wiänpadßmitajaa augußtaa

elfter[5] August[5]

am 11. August

Es esmu dzimis tūkstoš deviņsimt sešdesmit trešajā gadā.

äß äßmu dsimiß tuukßtuosch däwinjßimt ßäschdäßmit träschajaa gadaa

ich (ich-)bin geboren[(m)] tausend neunhundert sechzig drittes[5] Jahr[5]

Ich wurde im Jahre 1963 geboren.

Mana māsa ir dzimusi tūkstoš deviņsimt piecdesmit ceturtajā gadā.

mana maaßa ir dsimußi tuukßtuosch däwinjßimt piäzdäßmit zäturtajaa gadaa

meine Schwester (sie-)ist geboren[(w)] tausend neunhundert fünfzig viertes[5] Jahr[5]

Meine Schwester wurde im Jahre 1954 geboren.

Lettisches Korbflechthandwerk im Freilichtmuseum

Kurz-Knigge

Letten sind Fremden gegenüber zunächst etwas reserviert; die erste Kontaktaufnahme wird mancher vielleicht als etwas mühsam empfinden. Sind die ersten Hürden überwunden, können tiefe und gute Freundschaften entstehen. Besonders auf dem Lande ist die Gastfreundschaft sehr groß.

Im allgemeinen gelten die gleichen Verhaltensregeln wie im übrigen Europa, wobei zu beachten ist, dass die Letten in ihrer Mentalität und Lebensweise eher nach Nordeuropa tendieren. Dies ist angesichts der geografischen Lage und der geschichtlichen Entwicklung des Landes eigentlich gar nicht überraschend.

Traditionell sind die Letten evangelisch-lutherisch. Ein nicht geringer Prozentsatz – besonders im mittleren und östlichen Teil des Landes – ist allerdings katholisch. Die russische Minderheit ist überwiegend orthodox.

Die über Jahrhunderte mündlich überlieferten Volkslieder der Letten, dainas, spiegeln die traditionellen Lebensvorstellungen des Volkes wider. Sie geben einen Einblick in das Gemüt der Menschen, zeigen ihre moralischen und ästhetischen Wertvorstellungen und dokumentieren ihre Bräuche und zum Teil auch ihre Geschichte. Die dainas sind ein wichtiger Teil des kulturellen Erbes des lettischen Volkes.

Wichtige kulturelle Ereignisse sind die nationalen Feiertage, die Sängerfeste und die Volksfeste wie z. B. das Mittsommernachtsfest Jāņi *jaanji*.

Namen & Anrede

Namen setzen sich – wie im Deutschen – aus Vor- und Nachnamen zusammen. Nachnamen haben zwei unterschiedliche Formen, je nachdem, ob sie sich auf Frauen oder auf Männer beziehen:

Übrigens: In der Regel stellt man sich mit Vornamen vor.

Frau:		Mann:
Pētersone, Anna		**Pētersons, Jānis**

kungs[1]	**kundze**[G]	**jaunkundze**[G]
kungß	kundsä	jaunkundsä
(der) Herr	(die) Frau	(das) Fräulein

Auch Namen werden entsprechend ihrer Beugungsklasse gebeugt: „Herr Kalniņš" heißt auf Lettisch: Kalniņa kungs, der Nachname wird also im 2. Fall gebeugt.

Die höfliche Anrede („Sie") ist im Lettischen mit dem persönlichen Fürwort für die 2. Person Mehrzahl jūs *juuß* „ihr" identisch. Die Regeln für das Siezen und Duzen entsprechen in etwa dem deutschen Sprachgebrauch. Aber man kann allgemein sagen, dass das Siezen in Lettland etwas verbreiteter ist als in Deutschland, denn in Lettland wird das „Sie" auch unter Studenten und jungen Leuten, die sich nicht kennen, verwendet. Überschwengliche Begrüßungen (Umarmungen usw.) sind in Lettland auch unter Freunden nicht unbedingt üblich.

Begrüßen & Verabschieden

Erst einmal die Begrüßungsfloskeln:

🔊 **Sveiks / sveika!**
ßwäikß / ßwäika
gesund(m/w)
Hallo! *(eine Person)*

🔊 **Sveiki / sveikas!**
ßwäiki / ßwäikaß
gesund(m/w Mz)
Hallo! *(mehrere)*

Eine ziemlich lockere Begrüßung, die zu jeder Tageszeit verwendet werden kann.

Die Begrüßung mit „hallo" hat vier Formen: Eine Form, wenn der Begrüßte ein Mann ist (sveiks), und eine andere Form, wenn die Begrüßte eine Frau (sveika) ist. Mehrere Männer begrüßt man mit sveiki, mehrere Frauen mit sveikas, eine gemischte Gruppe von Männer und Frauen mit der männlichen Form sveiki.

Begrüßen & Verabschieden

gut-Morgen	🎵 **Labrīt!**	labriit	Guten Morgen!
gut-Tag	🎵 **Labdien!**	labdiän	Guten Tag!
gut-Abend	🎵 **Labvakar!**	labwakar	Guten Abend!
mit guter⁴ Nacht⁴	🎵 **Ar labu nakti!**	ar labu nakti	Gute Nacht!
süße² Träume²	🎵 **Saldu dusu!**	ßaldu dußu	Schlaf(en Sie) gut!

🎵 **Kā Jums iet?**
kaa jumß iät
wie euch³ (es-)geht
Wie geht es Ihnen?

🎵 **Kā tev iet?**
kaa täw iät
wie dir³ (es-)geht
Wie geht es dir?

🎵 **Paldies, labi.**
paldiäß labi
Dank gut(Umst.)
Danke, gut.

verabschieden

🎵 **Uz redzēšanos!**
us rädsääschanuoß
auf Sehen-sich⁴
Auf Wiedersehen!
(am gebräuchlichsten)

🎵 **Visu labu!**
wißu labu
alles⁴ gutes⁴
Alles Gute!
(auch sehr häufig)

🎵 **Ardievu!**
ardiäwu
mit-Gott⁴
Leb wohl!

🎵 **Čau!**
tschau
ciao
Tschüss!

Die Abschiedsformel Ardievu! wird nur noch selten gebraucht. Mittlerweile gebrauchen die meisten, zumal jüngeren Leute das saloppe und freundliche čau!

Bitten, Danken, Wünschen

Zum Bitten verwendet man bei jeder Gelegenheit ganz einfach lūdzu:

🎵 **lūdzu**	🎵 **Parādiet man, lūdzu …**
luudsu	paraadiät man luudsu
(ich-)bitte	*zeigt! mir[3] (ich-)bitte …*
bitte	Zeigen Sie mir, bitte …

🎵 **Ņemiet, lūdzu!**	🎵 **Lūdzu, noģērbieties!**
njämiät luudsu	luudsu nodjäärbiätiäß
nehmt! (ich-)bitte	*(ich-)bitte ablegt-sich!*
Greifen Sie zu!	Bitte, legen Sie ab!

🎵 **Lūdzu, sēdieties!**	🎵 **Lūdzu, atveriet durvis!**
luudsu ßäädiätiäß	luudsu atwäriät durwiß
(ich-)bitte setzt-sich!	*(ich-)bitte öffnet! Türen[4]*
Bitte, setzen Sie sich!	Bitte, öffnen Sie die Tür!

Esiet tik labs / laba *(oder:* **laipns / laipna***) …*
äßiät tik labß / laba (laipnß / laipna)
seid! so gut(m/w) (nett(m/w))
Seien sie so gut (so nett) …

🎵 **Esiet tik laipns, atnesiet man …**
äßiät tik laipnß atnäßiät man
seid! so nett(m) bringt! mir[3] …
Seien Sie so nett und bringen Sie mir …

Beachten Sie:
Die Variante vor dem Schrägstrich wird verwendet, wenn man einen Mann anspricht, die Variante nach dem Schrägstrich, wenn man eine Frau anspricht.

Wenn man etwas nicht verstanden hat, kann man fragen: Kā, lūdzu? kaa luudsu „Wie bitte?"

Bitten, Danken, Wünschen

danken

Pateicos!
patäizuoß
(ich-)bedanke-sich
Ich bedanke mich!

Paldies!
paldiäß
Dank
Danke!

Liels paldies!
liälß paldiäß
großer Dank
Vielen Dank!

Nē, paldies!
nää paldiäß
nein Dank
Nein, danke!

Die Person, der man dankt, steht im 3. Fall (Dativ).

Paldies tev!
paldiäß täu
Dank dir[3]
Ich danke dir!

Paldies Jums!
paldiäß jumß
Dank euch[3]
Ich danke euch / Ihnen.

Das, wofür man sich bedankt, wird mit Hilfe von par + 4. Fall ausgedrückt.

Paldies par palīdzību!
paldiäß par paliidsiibu
Dank für Hilfe[4]
Danke für die Hilfe!

Paldies par padomu!
paldiäß par paduomu
Dank für Rat[4]
Danke für den Rat!

wünschen

Visu labu!
wißu labu
alles[4] gutes[4]
Alles Gute!

Labu ēstgribu / apetīti!
labu ääßgribu / apätieti
gute[4] Appetit[4] / Appetit[4]
Guten Appetit!

Daudz laimes dzimšanas dienā!
dauds laimäß dsimschanaß diänaa
viel Glück[2] Geburt[2] Tag[5]
Viel Glück zum Geburtstag!

Laimīgu Jauno Gadu!
laimiigu jauno gadu
glückliche⁴ neue⁴ Jahr⁴
Frohes Neues Jahr!

 Vēlu tev / Jums ...
wäälu tãu / jumß
(ich-)wünsche dir³ / euch³
Ich wünsche dir / euch(Ihnen) ...

sekmes	ßäkmäß	Erfolg	*Erfolg²*
laimi	laimi	Glück	*Glück⁴*
veselību	wäßäliibu	Gesundheit	*Gesundheit⁴*
labu atpūtu	labu atpuutu	gute Erholung	*gute⁴ Erholung⁴*

sich entschuldigen

Atvaino!
atwainuo
verzeih!
Verzeih!

Atvainojiet!
atwainuojiät
verzeiht!
Verzeihen Sie!

Piedod / Piedodiet (lūdzu)!
piäduod / piäduodiät (luudsu)
entschuldige! /entschuldigt! (ich-bitte)
Entschuldige / Entschuldigen Sie (bitte)!

Piedodiet, es Jūs nesapratu.
piäduodiät äß juuß näßapratu
entschuldigt! ich euch⁴ nicht-(ich-)verstand
Entschuldigen Sie, ich habe Sie nicht
verstanden!

Das erste Gespräch

Mit diesen Sätzen können Sie bei Begegnungen gleich erste Konversation machen.

Mit einem Smartphone können Sie sich die mit einem 🎧 *gekennzeichneten Sätze dieses Kapitels anhören. Scannen Sie einfach den QR-Code mit Hilfe einer kostenlosen App (z. B. „Barcoo" oder „Scanlife").*

🎧 **Kā Jūs / tevi sauc?**
kaa juuß / täwi ßauz
wie euch[4] / dich[4] (sie-)rufen
Wie heißen Sie / heißt du?

🎧 **Kāds Jums / tev vārds?**
kaadß jumß / täu waardß
was-für-ein euch[3] / dir[3] Name
Was ist Ihr / dein Name?

🎧 **Mani sauc ...**
mani ßauz
mich[4] (sie-)rufen ...
Ich heiße ...

🎧 **Mans vārds ir ...**
manß waardß ir
mein Name (er-)ist ...
Mein Name ist ...

🎧 **Kur Jūs dzīvojat?**
kur juuß dsiiwuojat
wo Sie (ihr-)wohnt
Wo wohnen Sie?

🎧 **Kur tu dzīvo?**
kur tu dsiiwo
wo du (du-)wohnst
Wo wohnst du?

🎧 **Cik Jums / tev gadu?**
zik jumß / täu gadu
wie-viel euch[3] / dir[3] Jahre[2]
Wie alt sind Sie / bist du?

🎧 **Man ir trīsdesmit gadi / gadu.**
man ir triißdäßmit gadi / gadu
mir[3] (es-)ist dreißig Jahre / Jahre[2]
Ich bin 30 Jahre alt.

Wenn Sie wollen, teilen Sie Ihre Adresse mit:

🗫 **Te ir mana adrese.**

tä ir mana adräßä

hier (sie-)ist meine Adresse

Hier ist meine Adresse.

🗫 **Kas Jūs esat / tu esi pēc tautības?**

kaß juuß äßat / tu äßi pääz tautiibaß

was Sie (ihr-)seid / du (du-)bist nach Nationalität²

Was für ein Landsmann sind Sie / bist du?

🗫 **Esmu beļģietis² / beļģiete.⑥**

äßmu bäljdjiätiß / bäljdjiätä

(ich-)bin Belgier / Belgierin

Ich bin Belgier / Belgierin.

🗫 **vācie-tis² / -te⑥**	waaziätiß / -tä	Deutscher / Deutsche
latvie-tis² / -te⑥	latwiätiß / -tä	Lette / Lettin
nīderlandie-tis² / -te⑥	niidärlandiätiß / -tä	Niederländer / -in
austrie-tis² / -te⑥	außtriätiß / -tä	Österreicher / -in
krievs① / krieviete⑥	kriäuß / kriäwiätä	Russe / Russin
šveicie-tis² / -te⑥	schwäiziätiß / -tä	Schweizer / -in

🗫 **No kuras pilsētas jūs / Jūs esat / tu esi?**

nuo kuraß pilßäätaß juuß äßat / tu äßi

von welche² Stadt ihr / Sie (ihr-)seid / du (du-)bist

Aus welcher Stadt kommt ihr / kommen Sie /
kommst du?

🗫 **Es esmu no Amsterdamas.**

äß äßmu nuo amßtärdamaß

ich (ich-)bin von Amsterdam²

Ich komme aus Amsterdam.

Amsterdama⁵	amßtärdama	Amsterdam
Antverpene⁶	antwärpänä	Antwerpen
Berlīne⁶	bärliinä	Berlin
Brisele⁶	brißälä	Brüssel
Diseldorfa⁵	dißäldorfa	Düsseldorf
Frankfurte⁶	frankfurtä	Frankfurt
... pie Mainas	piä mainaß	... am Main
... pie Oderas	piä odäraß	... an der Oder
Ķelne⁶	kjälnä	Köln
Maskava⁵	maßkawa	Moskau
Minhene⁶	minchänä	München
Rīga⁵	riiga	Riga
Tallina⁵	tallina	Tallinn
Viļņa⁵	wiljnja	Vilnius

🎵 **Vai Jums ir bērni?**
wai jumß ir bäärni
FW euch³ (sie-)sind Kinder
Haben Sie Kinder?

🎵 **Vai Jūs esat precējies / precējusies?**
wai juuß äßat präzääjiäß / präzääjußiäß
FW Sie (ihr-)seid verheiratet-sich(m/w)
Sind Sie verheiratet?

🎵 **Es neesmu precējies / precējusies.**
äß nääßmu präzääjiäß / präzääjußiäß
ich (ich-)bin nicht verheiratet-sich(m/w)
Ich bin nicht verheiratet.

🎵 **Mums ir divi bērni.** 🎵 **Par ko Jūs strādājat?**
mumß ir diwi bäärni   par kuo juuß ßtraadaajat
uns³ (sie-)sind zwei Kinder als was Sie (ihr-)arbeitet
Wir haben zwei Kinder. Was arbeiten Sie?

🎵 **Kāda Jums profesija?**
kaada jumß profäßija
was-für-eine euch³ Beruf
Was ist Ihr Beruf?

Kur Jūs strādājat?
kur juuß ßtraadaajat
wo Sie (ihr-)arbeitet
Wo arbeiten Sie?

🎵 **Kur tu strādā?**
kur tu ßtraadaa
wo du (du-)arbeitest
Wo arbeitest du?

🎵 **Es esmu …**
äß äßmu
(ich-)bin
Ich bin …

strādnieks① / **strādniece⑥**	ßtraadniäkz / -zä	Arbeiter / -in
ārsts① / **ārste⑥**	aarßtß / aarßtä	Arzt / Ärztin
zemnieks① / **zemniece⑥**	sämniäkß / -zä	Bauer / Bäuerin
🎵 **kalpotājs①** / **kalpotāja⑤**	kalpuotaajß / -a	Angestellter / -e
frizieris② / **friziere⑥**	frisiäriß / -ä	Frisör / -in
inženieris② / **inženiere⑥**	inshäniäriß / -ä	Ingenieur / -in
žurnālists① / **žurnāliste⑥**	shurnaalißtß / -ä	Journalist / -in
mākslinieks① / **māksliniece⑥**	maakßliniäkß / -zä	Künstler / -in
skolotājs① / **skolotāja⑤**	ßkuoluotaajß / -a	Lehrer / -in
skolnieks① / **skolniece⑥**	ßkuolniäkß / -zä	Schüler / -in
students① / **studente⑥**	ßtudäntß / -ä	Student / -in
pārdevējs① / **pārdevēja⑤**	paardäwääjß / -a	Verkäufer / -in
zinātnieks① / **zinātniece⑥**	sinaatniäkß / -zä	Wissenschaftler / -in

🎵 **Vai jums Latvijā patīk?**
wai jumß latwijaa patiik
FW euch³ Lettland⁵ (es-)gefällt
Gefällt es euch / Ihnen in Lettland?

🎵 **Jā, man ļoti patīk.**
jaa man ljoti patiik
ja mir³ sehr (es-)gefällt
Ja, es gefällt mir sehr.

Floskeln & Redewendungen

zustimmen		
🎵 **Jā.**	jaa	Ja.
🎵 **Labi.**	labi	Gut.
🎵 **Ļoti labi!**	ljuoti labi	Sehr gut!
🎵 **Lieliski!**	liälißki	Großartig!
🎵 **Labprāt!**	lapraat	Gerne!
Protams!	pruotamß	Selbstverständlich!
Varbūt.	warbuut	Kann sein.

ablehnen		
🎵 **Nē.**	nää	Nein.
🎵 **Nē, paldies.**	nää paldiäß	Nein, danke.
🎵 **Nevar būt.**	näwar buut	Das kann nicht sein.
To nedrīkst.	tuo nädriikßt	Das darf man nicht.

nicht-(es-)kann sein
das nicht-(es-)darf

meinen / beurteilen

🎵 **Jums / tev taisnība / nav taisnības.**
jumß / täu taißniiba / nau taißniibaß
euch³ / dir³ Recht / nicht-(es-)ist Recht²
Sie haben / du hast Recht / Unrecht.

🎵 **Es domūju tāpat.**
äß domuuju taapat
ich (ich-)denke ebenso
So sehe ich das auch.

🎵 **Neesmu ar Jums vienis prātis.**
nääßmu ar jumß wiäniß praatiß
nicht-(ich-)bin mit euch³ einer Meinung
Ich stimme Ihnen nicht zu.

🔊 **Neapšaubāmi!**   **Katrā ziņā!**   **Pareizi.**

näapschaubaami   katraa sinjaa   paräisi

nicht-bezweifelnd(U.)jedeⁱ Beziehungⁱ korrekt(U.)

Ohne Zweifel!   Unbedingt!   Es stimmt.

🔊 **Varbūt.**   🔊 **Tas tiesa.**

warbuut   taß tiäßa

(es-)kann-sein   jenes (es-)stimmt

Das kann sein.   Das ist wahr.

Es par to esmu pārliecināts / pārliecināta.

äß par tuo äßmu paarliäzinaatß / paarliäzinaata

ich über das (ich-)bin überzeugt$^{(m/w)}$

Ich bin davon überzeugt.

sich freuen / sich unwohl fühlen

🔊 **Vai Jūs jūtaties / tu jūties labi?**

wai juuß juutatiäß / tu juutiäß labi

FW Sie (ihr-)fühlt-sich / du fühlst-sich gut(Umst.)

Fühlen Sie / Fühlst du dich gut?

🔊 **Es jūtos / nejūtos labi.**

äß juutuoß / näjuutuoß labi

ich fühle-sich / nicht-(ich-)fühle-sich gut(Umst.)

Ich fühle mich wohl / nicht wohl.

🔊 **Tas man patīk / nepatīk.**

taß man patiik / näpatiik

jenes mir³ (es-)gefällt / nicht-(es-)gefällt

Das gefällt mir / gefällt mir nicht.

🔊 **Es ļoti priecājos par to.**

äß ljuoti priäzaajuoß par tuo

ich sehr (ich-)freue-sich über jenes

Ich freue mich sehr darüber.

Liebesgeflüster

Es tevi mīlu.
äß täwi miilu
ich dich⁴ (ich-)liebe
Ich liebe dich.

Vai tu gribi ar mani gulēt?
wai tu gribi ar mani guläät
FW du willst mit mich⁴ schlafen
Willst du mit mir schlafen?

Das weitere die Sexualität betreffende Vokabular klingt im Lettischen ziemlich medizinisch, sachlich und kalt:

pretapauglošanās līdzeklis②
prätapaugljuoschanaaß liidsäkliß
gegen-Empfängnis² Mittel
(Verhütungs-)Pille

prezervatīvs①
präsärwatiiwß
Präservativ
Kondom

Man ir mēnešreizes.
man ir määnäschräisäß
mir³ (sie-)sind Monats-Male
Ich habe meine Tage.

Die Bezeichnung „Aids" wird auch in Lettland verwendet

... in der Stadt

🔊 **Kā sauc šo ielu / laukumu?**
kaa ßauz scho iälu / laukumu
wie (sie-)rufen diese⁴ Straße⁴ / Platz⁴
Wie heißt diese Straße / dieser Platz?

🔊 **Es gribētu braukt / iet uz ...**
äß gribäätu braukt / iät us
ich würde-wollen fahren / gehen nach ... ⁴. Fall
Ich möchte nach ... fahren / gehen.

🔊 **Kā varētu nokļūt ...?**
kaa waräätu nuokļuut
wie könnte gelangen ... ⁵. Fall
Wie komme ich nach ...?

Viel Verkehr auf der Ostsee

Unterwegs ...

👂 **Kā varētu aizbraukt uz ...?**
kaa waräätu aisbraukt us
wie könnte hinfahren nach ... 4. Fall
Wie kann ich nach ... fahren?

👂 **Piedodiet, kur ir / atrodas ...?**
piäduodiät kur ir / atroudaß
entschuldigt! wo ist / (es-)befindet-sich ...
Entschuldigen Sie, wo ist / befindet sich ...?

In diese Frage können Hauptwörter unverändert eingesetzt werden, z. B.:

vecpilsēta⑤	wäzpilßääta	Altstadt
aptieka⑤	aptiäka	Apotheke
stacija⑤	ßtazija	Bahnhof
banka⑤	banka	Bank
bulvāris②	bulwaariß	Boulevard
pils⑦	pilß	Burg
autoosta⑤	auto-uoßta	Busbahnhof
piemineklis②	piäminäkliß	Denkmal
baznīca⑤	basniiza	Kirche
tirgus④	tirguß	Markt
ministrija⑤	minißtrija	Ministerium
muzejs①	musäjß	Museum
parks①	parkß	Park
laukums①	laukumß	Platz
pasta nodaļa⑤	paßta nuodalja	Postamt
restorāns①	räßtoranß	Restaurant
stadions①	ßtadionß	Stadion

takßomätru ßtaawiäta	**taksometru stāvvieta**⑤	Taxistand
täläfon automaatß	**telefona automāts**①	Telefonzelle
täläfona zäntraale	**telefona centrāle**⑥	Telefonzentrale
tääatriß	**teātris**②	Theater

🔊 **Vai var apskatīt ...?**

wai war apßkatiit

FW (sie-)können besichtigen ... [4. Fall]

Kann man ... besichtigen?

Vai ... ir atvērts / atvērta / slēgts / slēgta?

wai ... ir atwäärtß / atwäärta / ßlääagtß / ßlääagta)

FW ... ist geöffnet(m/w) / geschlossen(m/w))

Ist ... geöffnet / geschlossen?

Sehenswürdigkeiten in Riga		
🔊 **Doma baznīca**	Domkirche	duoma basniiza
Brīvības piemineklis	Freiheitsdenkmal	briiwiibaß piäminäkliß
🔊 **Brīvdabas muzejs**	Freilichtmuseum	briiwdabaß musäjß
Pulvertornis	Pulverturm	pulwärtuorniß
🔊 **Rīgas pils**	Rigaer Burg	riigaß pilß
🔊 **Zviedru vārti**	Schwedisches Tor	swiädru waarti

🔊 **Vai var iet kājām?**

wai war iät kaajaam

FW (sie-)können gehen Füße³

Kann man zu Fuß gehen?

🔊 **Brauciet ar autobusu.**

brauziät ar autobußu

fahrt! mit Bus⁴

Nehmen Sie den Bus!

🔊 **Ir vēl simt metri / viens kilometrs.**

ir wääl ßimt mätri / wiänß kilomätrß

sind/ist noch hundert Meter / ein Kilometer

Es sind / ist noch 100 Meter / ein Kilometer.

Richtungshinweise

♪ **tuvu**; **tālu**	tuwu; taalu	nah; weit
♪ **te**; **tur**	tä; tur	hier; dort
šurp; **turp**	schurp; turp	hierher; dorthin
♪ **uz priekšu**	us priäkschu	geradeaus
♪ **atpakaļ**	atpakalj	zurück
♪ **pa labi**	pa labi	(nach) rechts
♪ **pa kreisi**	pa kräißi	(nach) links
citur; **visur**	zitur; wißur	woanders; überall
krustojums①	krußtojumß	Kreuzung
luksofors①	lukßuofuorß	Ampel
centrā	zäntraa	im Zentrum
pretī	prätii	gegenüber

ārpus pilsētas
aarpuß pilßäätaß
außerhalb der Stadt

(tepat) aiz stūra
(täpat) ais ßtuura
(gleich) um die Ecke

♪ **Ejiet arvien uz priekšu!**
äjiät arwiän us priäkschu
geht! stets nach vorne[4]
Gehen Sie immer geradeaus!

♪ **Nākošā iela pa labi!**
naakuoschaa iäla pa labi
nächste Straße nach rechts
Die nächste Straße rechts!

♪ **Brauciet vienu kilometru tālāk!**
brauziät wiänu kilomätru taalaak
fahrt! ein[4] Kilometer[4] weiter
Fahren Sie noch einen Kilometer weiter!

♪ **Lūdzu, parādiet man kartē!**
luudsu paraadiät man kartää
(ich-)bitte zeigt! mir[3] Karte[5]
Zeigen Sie mir das bitte auf der Karte!

... mit dem Bus

In Lettland ist der Bus ein sehr wichtiges Verkehrsmittel. Außer Stadtbussen gibt es verschiedene Überlandbusse. Busfahrkarten sind meist teurer als Bahnfahrkarten, da der Bus in der Regel schneller ist. Für Stadtbusse gibt es Mehrfahrten- und Monatskarten, die an Kiosken zu erhalten sind.

In Riga befindet sich unweit des Hauptbahnhofs der Zentrale Busbahnhof (Prāgas iela 1) *für Überlandbusse.*

autoosta⑤	auto-uoßta	Busbahnhof
trolejbuss①	troläjbuß	Oberleitungsbus
tramvajs①	tramwajß	Straßenbahn
pietura⑤	piätura	Haltestelle

autobusa pietura⑤
autobußa piätura
Bus² Haltestelle
Bushaltestelle

👂 **Uz kurieni iet šis tramvajs / trolejbuss?**
us kuriäni iät schiß tramwajß / troläjbuß
nach wohin (er-)fährt diese Straßenbahn / O-Bus
Wohin fährt diese(r) Straßenbahn / O-Bus?

👂 **Kur ir trešā autobusa pietura?**
kur ir träschaa autuobußa piätura
wo (sie-)ist dritter² Autobus² Haltestelle
Wo ist die Haltestelle von Bus Nr. 3?

👂 **Kurš autobuss iet uz ...?**
kursch autuobuß iät us
welcher Autobus (er-)geht nach...^4. Fall
Welcher Bus fährt nach ...?

👂 **Vai te iet autobuss uz ...?**
wai tä iät autuobuß us
FW hier (er-)geht Autobus nach ...^4. Fall
Fährt hier ein Bus nach ...?

🐾 **Vai Jūs man pateiksit, kur man jākāpj ārā?**

wai juuß man patäikßit kur man jaakaapj aaraa

FW Sie mir³ ihr-werdet-sagen wo mir³
(es-)muss-steigen heraus

Sagen Sie mir, wo ich aussteigen muss?

🐾 **Cik pieturu vēl ir līdz ...?**

zik piäturu wääl ir liids

wie-viel Haltestellen² noch (es-)ist bis ...[3. Fall]

Wie viele Haltestellen sind es noch bis ...?

🐾 **Kur man jāpārsēžas?**

kur man jaapaarßääshaß

wo mir³ (es-)muss-umsteigen-sich

Wo muss ich umsteigen?

🐾 **Vai Jūs tagad izkāpsit?**

wai juuß tagad iskaapßit

FW Sie jetzt ihr-werdet-aussteigen

Steigen Sie jetzt aus?

■ In der Pferdekutsche

👂 **Nē, es kāpšu ārā nākamajā pieturā.**
nää äß kaapschu aaraa naakamajaa piäturaa
nein ich werde-steigen heraus nächste[5] Haltestelle[5]
Nein, ich steige an der nächsten Haltestelle aus.

👂 **Kur varētu iegādāties talonus?**
kur waräätu iägaadaatiäß taluonuß
wo könnte anschaffen-sich Fahrkarten[4]
Wo kann man Fahrkarten kaufen?

... mit dem Taxi

Staatliche Taxis sind billiger als private und sind mit Taxametern ausgestattet. Üblich sind auch Minibusse (maršruta taksometrs), die auf gewissen Strecken Fahrgäste einsammeln.

👂 **taksometrs**①	👂 **taksometra stāvvieta**⑤
takßomätrß	takßomätra ßtaawiäta
Taxi	Taxistand

👂 **Vai Jūs esat brīvs?**
wai juuß äßat briiwß
FW Sie (ihr-)seid frei[(m)]
Sind Sie frei?

👂 **Uz kurieni?**
us kuriäni
nach wohin
Wohin?

👂 **Lūdzu, uz staciju.**
luudsu us ßtaziju
(ich-)bitte nach Bahnhof[4]
Zum Bahnhof, bitte.

👂 **Lūdzu pieturiet.**
luudsu piäturiät
(ich-)bitte anhaltet!
Bitte halten Sie an.

👂 **Mazliet pagaidiet!**
masliät pagaidiät
ein-wenig wartet!
Warten Sie ein wenig!

👂 **Cik maksā?**
zik makßaa
wie-viel (es-)kostet
Wie viel kostet es?

... mit dem Zug

wilziänß	🔊 **vilciens**①	Zug
piäpilßäätaß wilziänß	🔊 **piepilsētas vilciens**①	Nahverkehrszug
aatrwilziänß	🔊 **ātrvilciens**①	Schnellzug
räßtoraanwagonß	🔊 **restorānvagons**①	Speisewagen
guljamwagonß	🔊 **guļamvagons**①	Schlafwagen
päronß	🔊 **perons**①	Bahnsteig
zäljsch	🔊 **ceļš**①	Gleis
wilziänu ßarakßtß	🔊 **vilcienu saraksts**①	Bahnfahrplan
piänaakschana	🔊 **pienākšana**⑤	Ankunft
atiäschana	🔊 **atiešana**⑤	Abfahrt
informaazija	🔊 **informācija**⑤	Auskunft
biljäschu kaßä	🔊 **biļešu kase**⑥	Fahrkartenschalter

biljäschu iäpriäkschpaardoschana	🔊 **biļešu iepriekšpārdošana**⑥ Fahrkartenvorverkauf	
biljätä wiänam brauziänam	🔊 **biļete vienam braucienam**⑥ Fahrkarte für einfache Fahrt	
biljätä brauziänam turp un atpakalj	🔊 **biļete braucienam turp un atpakaļ**⑥ Hin- und Rückfahrkarte	
bagaasha / bagaashaß glabaatawa	🔊 **bagāža / bagāžas glabātava**⑤ Gepäck / Gepäckaufbewahrung	

🔊 **Lūdzu, vienu biļeti uz Rīgu, turp un atpakaļ.**
luudsu wiänu biljäti us riigu turp un atpakalj
(ich-)bitte eine⁴ Fahrkarte⁴ nach Riga⁴ hin und zurück
Bitte einmal nach Riga, hin und zurück.

🔊 **No kura ceļa / perona atiet vilciens?**
nuo kura zälja / pärona atiät wilziänß
ab welcher² Gleis² / Bahnsteig² (er-)abfährt Zug
Von welchem Gleis fährt der Zug ab?

Kad vilciens pienāk Liepājā?
kad wilziänß piänaak liäpaajaa
wann Zug (er-)ankommt Libau[5]
Wann kommt der Zug in Libau an?

Vai tas ir vilciens uz ...?
wai taß ir wilziänß us
FW jener (er-)ist Zug nach...[4. Fall]
Ist das der Zug nach ...?

Vai vilciens uz ... kavējas?
wai wilziänß us ... kawääjaß
FW Zug nach ...[4. Fall] (er-)verspätet-sich
Hat der Zug nach ... Verspätung?

Vai vilciens stāv ... stacijā?
wai wilziänß ßtaaw ... ßtazijaa
FW Zug (er-)steht ...[2. Fall] Bahnhof[5]
Hat der Zug Aufenthalt?

Cik ilgi ilgst ceļojums uz ...
zik ilgi ilgßt zäljuojumß us
wie-viel lange(Umst.) (er-)dauert Reise nach ...[4. Fall]
Wie lange dauert die Reise nach ...?

Vai te ir vēl brīva vieta?
wai tä ir wääl briiwa wiäta
FW hier (sie-)ist noch freie Platz
Ist hier noch ein Platz frei?

Šī vieta ir aizņemta.
schii wiäta ir aisnjämta
diese Platz (sie-)ist besetzte
Dieser Platz ist besetzt.

🔊 **Vai es drīkstu / varu atvērt durvis?**
wai äß driikßtu / waru atwäärt durwiß
FW ich (ich-)darf / (ich-)kann öffnen Türen⁴
Darf / kann ich die Tür öffnen?

🔊 **Vai es drīkstu aizvērt logu?**
wai äß driikßtu aiswäärt luogu
FW ich (ich-)darf schließen Fenster⁴
Darf ich das Fenster schließen?

... mit dem Auto

Das Straßennetz entspricht zwar noch nicht dem westeuropäischen Standard, ist aber im Vergleich z. B. zu Russland ganz gut.

luksofors⑤	lukßuofuorß	Ampel
ietve⑥	iätwä	Bürgersteig
lauku ceļš①	lauku zäljsch	Feldweg
robeža⑤	ruobäsha	Grenze
karte⑥	kartä	Karte
krustojums①	krußtuojumß	Kreuzung
līkums①	liikumß	Kurve
ceļš①	zäljsch	Landstraße
iela⑤	iäla	Straße
pilsētas plāns①	pilßäätaß plaanß	Stadtplan
nogriezties①	nuogriästiäß	abbiegen
pieturēt②	piäturäät	anhalten
braukt①	braukt	fahren
braukt tālāk	braukt taalaak	weiterfahren
braukt atpakaļ	braukt atpakalj	zurückfahren
novietot③ (automašīnu)	nuowiätuot (automaschiinu)	parken

👂 **Vai Jūs lūdzu man nepateiktu, kā nokļūt uz ...?**
wai juuß luudsu man näpatäiktu kaa nuokljuut us
FW Sie (ich-)bitte mir[3] nicht-würde-sagen wie gelangen nach ...
Können Sie mir sagen, wie ich nach ... komme?

uz staciju	us ßtaziju	zum Bahnhof
uz viesnīcu	us wiäßniizu	zum Hotel
uz lidostu	us liduoßtu	zum Flughafen
uz centru	us zäntru	ins Zentrum

👂 **Es esmu apmaldījies / apmaldījusies.**
äß äßmu apmaldiijiäß / apmaldiijußiäß
ich (ich-)bin verfahren(m/w)
Ich habe mich verfahren (*oder:* verlaufen).

👂 **Brauciet tālāk / atpakaļ / pa labi / pa kreisi!**
brauziät taalaak / atpakalj / pa labi / pa kräißi
Fahren Sie weiter / zurück / nach rechts / nach links!

Tankstelle

Die Tankstellen sind mittlerweile wie bei uns fast ausschließlich mit Selbstbedienung.

benzīns[1]	Benzin	bänsiinß
gaisa spiediens[1]	Luftdruck	gaißa ßpiädiänß
destilāts ūdens[3]	destilliertes Wasser	däßtilaatß uudänß
transportkanna[5]	Kanister	tranßpuortkanna
motoreļļa[5]	Motoröl	motorällja
dīzeļdegviela[5]	Dieselöl	diisäljdägwiäla
uzņemt[0] **degvielu**	tanken	usnjämt dägwiälu

♪ Kur ir tuvākā degvielas uzpildes stacija / pildītava?
kur ir tuwaakaa dägwiälaß uspildäß ßtazija / pildiitawa
wo (sie-)ist nächste(-die) Treibstoff[2] Abfüll[2] Station / Tankstelle
Wo ist die nächste Tankstelle?

Lūdzu, divdesmit litrus! ♪ Lūdzu, pilnu bāku.
luudsu diwdäßmit litruß   luudsu pilnu baaku
(ich-)bitte zwanzig Liter[4] (ich-)bitte volle[4] Tank[4]
Bitte, 20 Liter!   Bitte volltanken!

♪ Lūdzu, benzīnu par septiņiem latiem.
luudsu bänsiinu par ßäptinjiäm latiäm
(ich-)bitte Benzin[4] für sieben[3] Lats[3]
Bitte, Benzin für sieben Lats.

Panne

♪ Kur ir tuvākā darbnīca / garāža?
kur ir tuwaakaa darbniiza / garaasha
wo (sie-)ist nächste(-die) Werkstatt / Garage
Wo ist die nächste Werkstatt?

♪ Motors nav kārtībā.
motorß nau kaartiibaa
Motor nicht-(er-)ist Ordnung[5]
Der Motor ist nicht in Ordnung.

♪ Man pārplīsa riepa.
man paarpliißa riäpa
mir[3] (sie-)platzte Reifen
Ich habe eine Reifenpanne.

Vai Jūs to varat saremontēt?

wai juuß tuo warat ßarämontäät

FW Sie jenes[4] (ihr-)könnt ausbessern

Können Sie das reparieren?

Vai Jūs varētu mani aizvilkt līdz nākošai darbnīcai?

wai juuß waräätu mani aiswilkt liids naakuoschai darbniizai

FW Sie könnte mich[4] abschleppen bis nächste[3] Werkstatt[3]

Können Sie mich bis zur nächsten Werkstatt abschleppen?

Vai Jums ir oriģinālās rezerves daļas?

wai jumß ir oridjinaalaaß räsärwäß daljaß

FW euch[3] (sie-)sind originale Ersatz[2] Teile

Haben Sie Original-Ersatzteile?

avārijas dienests

awaarijaß diänäßtß

Havarie[2] Dienst

Abschleppdienst

Cik ilgi ies remonts?

zik ilgi iäß rämontß

wie-viel lang(Umst.) (er-)wird-gehen Reparatur

Wie lange wird die Reparatur dauern?

izplūde[6]; baterija[5]	Auspuff; Batterie	ispluudä; batärija
gaismas signālierīce[6]	Blinker	gaißmaß ßignaaliäriizä
bremze[6]	Bremse	brämsä
bremžu šķidrums[1]	Bremsflüssigkeit	brämshu schkjidrumß
rezerves daļas[5Mz]	Ersatzteile	räsärwäß daljaß
ātrums[1]	Gang	aatrumß
paātrinātājs[1]	Gaspedal	pa-aatrinaataajß
pārvadmehānisms[1]	Getriebe	paarwadmähaanißmß
kabelis[2]; dzesētājs[1]	Kabel; Kühler	kabäliß; dsäßäätaajß

ßajuugß; lampa	**sajūgs①; lampa⑤**	Kupplung; Lampe
ßtuurä; usgriäsniß	**stūre⑥; uzgrieznis②**	Lenkung; Mutter/
riäpa; ßtikla tiiriitaajß	**riepa⑤; stikla tīrītājs①**	Reifen; Scheibenwischer
ßtarmätiß; kamära	**starmetis②; kamera⑤**	Scheinwerfer; Schlauch
ßkruuwä; ßkruuwgriäsiß	**skrūve⑥; skrūvgriezis②**	Schraube, -ndreher
aisturiß / droschinaataajß	**aizturis②/ drošinātājs①**	Sicherung
amortisaatorß; baaka	**amortizātors①; bāka⑤**	Stoßdämpfer; Tank
wäntiliß / waarßtuliß	**ventilis② / vārstulis②**	Ventil
wäntilaatuorß	**ventilātors①**	Ventilator
karburaatuorß	**karburātors①**	Vergaser
duomkratß	**domkrats①**	Wagenheber
aisdädsäß ßwäzä	**aizdedzes svece⑥**	Zündkerze
aisdädsä	**aizdedze⑥**	Zündung

Hinweisschilder

atvērts; slēgts offen; geschlossen

ieeja⑤; izeja⑤; pāreja⑤

Eingang; Ausgang Durchgang

pusdienas pārtraukums①

Mittagspause *(Mittag[2] Pause)*

atrasto mantu glabātuve⑥ Fundbüro

(gefundene-die[2] Sachen[2] Aufbewahrung)

Automašīnām stāvēt aizliegts

Parken verboten *(Autos[3] stehen verboten)*

Dzīvības briesmas!

Lebensgefahr *(Leben[2] Gefahr)*

Nikns suns! Bissiger Hund! *(böser Hund)*

Uzmanību, krāsots! Vorsicht, frisch gestrichen! *(Vorsicht[4] gestrichen)*

avārijas bremze⑥

Notbremse *(Panne[2] Bremse)*

papildizeja⑤ Notausgang

... mit dem Schiff

piestātne[6]; **klājs**[1]	Anlegeplatz; Deck	piäßtaatnä; klaajß
osta[5]; **kabīne**[6]	Hafen; Kabine	uoßta; kabiinä
kreisēšana[5]; **bāka**[5]	Kreuzfahrt; Leuchtturm	kräißääschana; baaka
glābšanas riņķis[2]	Rettungsring	glaabschanaß rinjkjiß
glābšanas veste[6]	Schwimmweste	glaabschanaß wäßtä

👂 **Kad aties kuģis uz ...?**
kad atiäß kudjiß us
wann (er-)wird-gehen Schiff nach ...[4. Fall]
Wann fährt das Schiff nach ...?

👂 **Es gribētu braukt ar kuģi.**
äß gribäätu braukt ar kudji
ich würde-wollen fahren mit Schiff[4]
Ich möchte mit dem Schiff fahren.

👂 **Cik ilgi ilgst brauciens?**
zik ilgi ilgßt brauziänß
wie-viel lang(Umst.) (er-)dauert Fahrt
Wie lange dauert die Überfahrt?

👂 **No kurienes atiet kuģis uz ...?**
nuo kuriänäß atiät kudjiß us
von woher (er-)geht Schiff nach ...[4. Fall]
Wo fährt das Schiff nach ... ab?

Es gibt regelmäßige Schiffsverbindungen nach Riga von Kiel, Bremerhaven und anderen deutschen Häfen.

... mit dem Flugzeug

Auf dem Flughafen in Riga spricht das Personal sehr gut Englisch, so dass man dort kaum Verständigungsschwierigkeiten haben dürfte.

No kurienes atiet autobuss uz lidostu?
nuo kuriänß atiät autuobuß us liduoßtu
von woher (er-)geht Autobus nach Flughafen[4]
Wo fährt der Bus zum Flughafen ab?

Übernachtung im Hotel

In Lettland gibt es Hotels, Pensionen, Privatzimmer und Campingplätze (kempings kämpingß) in allen Preislagen.

wiäßniiza	**viesnīca**[5]	Hotel
ißtaba / numurß	**istaba**[5] / **numurs**[1]	Zimmer
gulta; gultaß wälja	**gulta**[5]; **gultas veļa**[5]	Bett; Bettwäsche
tualäta	**tualete**[6]	Toilette
wannaß ißtaba	**vannas istaba**[5]	Badezimmer
duscha	**duša**[5]	Dusche
ßiltß / aukßtß uudänß	**silts / auksts ūdens**[3]	Warm- / Kaltwasser
pirmaiß ßtaawß	**pirmais stāvs**[1] *(1. Stock)*	Erdgeschoss
uotraiß ßtaawß	**otrais stāvs**[1] *(2. Stock)*	erster Stock
liftß	**lifts**[1]	Fahrstuhl

Kur es varētu pārnakšņot?
kur äß waräätu paarnakschnjuot
wo ich könnte übernachten
Wo könnte ich übernachten?

Vai Jums ir brīvas istabas?
wai jumß ir briiwaß ißtabaß
FW euch[3] *(sie-)sind freie Zimmer*
Haben Sie freie Zimmer?

🎵 **Man te ir pasūtīta istaba.**
man tä ir paßuutiita ißtaba
mir³ hier (sie-)ist bestellte Zimmer
Für mich ist hier ein Zimmer vorbestellt.

🎵 **Cik ilgi Jūs paliksit viesnīcā?**
zik ilgi juuß palikßit wiäßniizaa
wie-viel lang(Umst.) Sie (ihr-)werdet-bleiben Hotel⁵
Wie lange werden Sie im Hotel bleiben?

Mit einem Smartphone kön-
nen Sie sich die mit einem
🎵 gekennzeichneten Sätze
dieses Kapitels anhören.

🎵 **Es palikšu nedēļu.**
äß palikschu nädäälju
ich (ich-)werde-bleiben Woche⁴
Ich werde eine Woche bleiben.

🎵 **Es viesnīcā palikšu apmēram desmit dienu.**
äß wiäßniizaa palikschu apmääram däßmit diänu
ich Hotel⁵ werde-bleiben ungefähr zehn Tage²
Ich werde im Hotel ungefähr 10 Tage bleiben.

🎵 **Man vajadzīgs divvietīgs numurs.**
man wajadsiigß diiwiätiigß numurß
mir³ nötig doppelter Zimmer
Ich brauche ein Doppelzimmer.

🎵 **Cik maksā šī istaba / šis numurs diennaktī?**
zik makßaa schii ißtaba / schiß numurß diännaktii
wie-viel (sie-/er-)kostet diese Zimmer /
dieser Nummer Tag-Nacht⁵
Was kostet dieses Zimmer pro Tag?

🎵 **Es gribētu citu istabu.**
äß gribäätu zitu ißtaba
ich würde-wollen andere⁴ Zimmer⁴
Ich möchte ein anderes Zimmer haben.

Übernachtung im Hotel

👂 **Trūkst ...**
truukßt
Es fehlt / fehlen ...

... nefunkcionē.
näfunkzionää
... funktioniert nicht.

ßäga; täläwiisorß	**sega**⑤; **televīzors**①	Decke; Fernseher
dwiäliß; ßpilwänß	**dvielis**②; **spilvens**①	Handtuch; Kissen
palagß; radio	**palags**①; **radio**	Laken; Radio
atßlääga; wilnaß ßäga	**atslēga**⑤; **vilnas sega**⑤	Schlüssel, Wolldecke
zentraalapkurä	**centrālapkure**⑥	Zentralheizung

👂 **Lūdzu, uzmodiniet mani sešos no rīta!**
luudsu usmuodiniät mani ßäschuoß nuo riita
(ich-)bitte weckt! mich[4] *sechs*[(w Mz)5] *von Morgen*[2]
Wecken Sie mich bitte morgen früh um sechs!

👂 **Es aizbraukšu rīt.**
äß aisbraukschu riit
ich (ich-)werde-abreisen morgen
Ich reise morgen ab.

Weißstörche auf Heuschobern

🦻 **Kad man jāmaksā rēķins?**
kad man jaamakßaa rääkjinß
wann mir[3] (es-)muss-zahlen Rechnung[1]
Wann muss ich bezahlen?

Zu Gast sein

Wird man in Lettland eingeladen, ist es angebracht, eine kleine Aufmerksamkeit mitzubringen (Blumen, Alkohol, Kaffee, Tee, Schokolade für die Kinder usw.).

🦻 **Vai Jūs gribētu mūs apciemot?**
wai juuß gribäätu muuß apziämuot
FW Sie würde-wollen uns[4] besuchen
Möchten Sie uns besuchen?

Mit einem Smartphone können Sie sich die mit einem 🦻 gekennzeichneten Sätze dieses Kapitels anhören.

🦻 **Vai es drīkstētu Jūs apciemot?**
wai äß driikßtäätu juuß apziämuot
FW ich würde-dürfen euch[4] besuchen
Dürfte ich Sie besuchen?

🦻 **Paldies, labprāt!**
paldiäß labpraat
Dank gerne
Danke, gerne!

🦻 **Paldies, bet es nevaru atnākt.**
paldiäß bät äß näwaru atnaakt
Dank aber ich nicht-(ich-)kann kommen
Vielen Dank, aber ich kann leider nicht.

Zu Gast sein

Viele lettische Familien, die in der Stadt leben, verfügen über Garten- oder Strandhäuser, in denen man bei Gelegenheit sehr gut übernachten kann.

Vai Jūs gribētu palikt pa nakti?
wai juuß gribäätu palikt pa nakti
FW Sie würde-wollen bleiben durch Nacht⁴
Möchten Sie über Nacht bleiben?

Paldies par ielūgumu.
paldiäß par iäluugumu
Dank für Einladung⁴
Vielen Dank für Ihre Einladung.

Pie Jums bija ļoti jauki.
piä jumß bija ljuoti jauki
bei euch³ (es-)war sehr nett(Umst.)
Es war sehr schön bei Ihnen.

Familie, Verwandtschaft

wäzaa maatä	**vecā māte**⑥	Großmutter
wäzaiß tääwß	**vecais tēvs**①	Großvater
wäzaaki	**vecāki**①Mz	Eltern
bäärnß	**bērns**①	Kind
määtä; tääwß	**māte**⑥; **tēvs**①	Mutter; Vater
tantä; onkuliß	**tante**⑥; **onkulis**②	Tante; Onkel
ßwainä; ßwainiß	**svaine**⑥; **svainis**②	Schwägerin, Schwager
ßiäwa; wiirß	**sieva**⑤; **vīrs**①	Ehemann; Ehefrau
maaßa; braaliß	**māsa**⑤; **brālis**②	Schwester; Bruder
mäita; däälß	**meita**⑤; **dēls**①	Tochter; Sohn
braalja mäita	**brāļa meita**⑤	Nichte (von Bruder)
braalja däälß	**brāļa dēls**①	Neffe (von Bruder)
maaßaß mäita	**māsas meita**⑤	Nichte (von Schwester)
maaßaß däälß	**māsas dēls**①	Neffe (von Schwester)
masmäita	**mazmeita**⑤	Enkelin
masdäälß	**mazdēls**①	Enkel

Auf dem Lande

In einer Notlage und auch sonst kann man auf die Gastfreundschaft der Landbevölkerung zählen und einen Bauernhof aufsuchen.

Vai es drīkstu šeit pārnakšņot?
wai äß driikßtu schäit paarnakschnjuot
FW ich (ich-)darf hier übernachten
Darf ich hier übernachten?

Jūs varat šeit gulēt.
juuß warat schäit guläät
Sie (ihr-)könnt hier schlafen
Sie können hier schlafen.

lauku māja[5]
lauku maaja
oder
saimniecība[5]
ßaimniäzieba
Bauernhof

lauks[1]	Acker / Feld	laukß
zemnieks[1]; **zemniece**[6]	Bauer / Bäuerin	sämniäkß; sämniäzä
koks[1]; **dobe**[6]	Baum / Holz; Beet	kuokß; duobä
kalns[1]; **rajons**[1]	Berg; Bezirk	kalnß; rajuonß
puķe[6]; **tilts**[1]	Blume; Brücke	pukjä; tiltß
aka[5]; **ciems**[1]	Brunnen; Dorf	aka; ziämß
spainis[2]; **upe**[6]	Eimer; Fluss	ßpainiß; upä
siens[1]	Heu	ßiänß
siena dakšas[5]Mz	Heugabel	ßiäna dakschaß
pakalns[1]	Hügel	pakalnß
kājceliļš[1]	Pfad	kaajzäliljsch
avots[1]; **šķūnis**[2]	Quelle; Schuppen	awuotß; schkjuuniß
ezers[1]; **klēts**[1]	See; Speicher	äsärß; kläätß
kūts[1]; **krūms**	Stall; Strauch	kuutß; kruumß
ieleja[5]; **rati**[1]Mz	Tal; Wagen	iäläjä; rati
mežs[1]; **pļava**[5]	Wald; Wiese	mäshß; pljawa

Einkaufen

Bäume		
kļava; bērzs	kļava⑤; bērzs①	Ahorn; Birke
uosuolß; alkßniß	ozols①; alksnis②	Eiche; Erle
uoßiß; apßä	osis②; apse⑥	Esche; Espe
äglä; priädä	egle⑥; priede⑥	Fichte; Kiefer
liäpa; wiikßna	liepa⑤; vīksna⑤	Linde; Ulme

(Left column of pronunciations:) kļawa; bäärß — uosuolß; alkßniß — uoßiß; apßä — äglä; priädä — liäpa; wiikßna

Tiere		
lācis②; pīle⑥	Bär; Ente
lapsa⑤; zoss⑦	Fuchs; Gans
gailis②; zaķis②	Hahn; Hase
vista⑤; govs⑦	Huhn; Kuh
jērs①; vērsis②	Lamm; Ochse
zirgs①; aita⑤	Pferd; Schaf
cūka⑤; kaza⑤	Schwein; Ziege

(Left column of pronunciations:) laaziß; piilä — lapßa; suoß — gailiß; sakjiß — wißta; guowß — jäärß; wäärßiß — sirgß; aita — zuuka; kasa

Einkaufen

Stürzen Sie sich in den Einkaufsspaß und entdecken Sie die Läden in Rigas Innenstadt.

Mit einem Smartphone können Sie sich die mit einem 🔊 gekennzeichneten Sätze dieses Kapitels anhören.

🔊 **Ko Jūs vēlaties?**
kuo juuß wäälatiäß
was⁴ Sie (ihr-)wünscht-sichFW
Was wünschen Sie?

🔊 **Vai varētu uzlaikot?**
wai waräätu uslaikuot
könnte anprobieren
Könnte ich es anprobieren?

🔊 **Cik tas maksā?**
zik taß makßaa
wie-viel jenes (es-)kostet
Wie viel kostet das?

🔊 **Cik maksā …?**
zik makßaa
wie-viel (es-)kostet …
Wie viel kostet …?

👂 **Tas ir par dārgu.**
taß ir par daargu
jenes (es-)ist über teuer[4]
Das ist zu teuer.

👂 **Lūdzu, parādiet man ko lētāku.**
luudsu paraadiät man kuo läätaaku
(ich-)bitte zeigt! mir[3] etwas[4] billiger[4]
Zeigen Sie mir bitte etwas Billigeres.

👂 **Tas man neder.**
taß man nädär
jenes mir[3] nicht-(es-)passt
Das passt nicht.

👂 **Vai Jums ir cits lielums?** 👂 **Es to ņemšu.**
wai jumß ir zitß liälumß äß tuo njämschu
FW euch[3] ist anderer Größe ich das[4] werde-nehmen
Haben Sie andere Größen? Ich nehme es.

👂 **Es to gribētu citā krāsā.**
äß tuo gribäätu zitaa kraaßaa
ich jenes[4] würde-wollen andere[5] Farbe[5]
Ich hätte es gern in einer anderen Farbe.

sekcija⑤	Abteilung	ßäkzija
antikvariāts①	Antiquariat	antikwariaatß
apģerbi①Mz	Bekleidung	apdjärbi
grāmatas⑤Mz	Bücher	graamataß
grāmatu veikals①	Buchhandlung	graamatu wäikalß
elektropiederumi①Mz	Elektrowaren	äläktropiädärumi
saimniecības preces⑥Mz	Haushaltswaren	ßaimniäziibaß präzäß
universālveikals①	Kaufhaus	uniwärßaalwäikalß

Einkaufen

maakßlaß ißtradajumi	**mākslas izstradajumi**①Mz	Kunstgewerbe
galantäärija	**galantērija**⑤	Kurzgewerbe
paartikaß wäikalß	**pārtikas veikals**①	Lebensmittelladen
parfimäärijaß nuodalja	**parfimērijas nodaļa**⑤	Parfümerie
ßkanjuplatäß	**skaņuplates**⑥Mz	Schallplatten
ßkanjuplaschu ßäkzija	**skaņuplašu sekcija**⑤	Schallpl.-Abteilung
ruotaß liätaß	**rotas lietas**⑤Mz	Schmuck
kanzäläjaß piädärumi	**kancelejas piederumi**①Mz	Schreibwaren
apawi	**apavi**①Mz	Schuhe
paschapkalpuoschanaaß wäikalß	**pašapkalpošanās veikals**①	Selbstbedienungsladen
ruotaljliätaß	**rotaļlietas**⑤Mz	Spielzeug
ßporta piädärumi	**sporta piederumi**①Mz	Sportartikel
audumi	**audumi**①Mz	Stoffe
pulkßtänji	**pulksteņi**②Mz	Uhren

👂 **Lūdzu, iesaiņojiet!**
luudsu iäßainjuojiät
(ich-)bitte (ihr-)einpackt!
Bitte packen Sie es ein!

👂 **Kur man jāmaksā?**
kur man jaamaksßaa
wo mir³ muss-bezahlen
Wo muss ich zahlen?

👂 **Kur, lūdzu, ir kase?**
kur luudsu ir kaßä
wo (ich-)bitte ist Kasse
Wo ist die Kasse?

👂 **Man nav sīknaudas.**
man naw ßiiknaudaß
mir³ nicht-ist Kleingeld²
Ich habe kein Kleingeld.

kleine Einkaufsliste Lebensmittel

aabuolß; apelßiinß	**ābols**①; **apelsīns**①	Apfel; Apfelsine
banaanß; aßariß	**banāns**①; **asaris**②	Banane; Barsch
bumbiäriß; maisä	**bumbieris**②; **maize**⑥	Birne; Brot
ßwiäßtß; uola	**sviests**①; **ola**⑤	Butter; Ei
ätikjiß; siwiß	**etiķis**②; **zivis**②Mz	Essig; Fisch

gaļa; **forele**	Fleisch; Forelle	galja; fuorälä
saknes	Gemüse	ßaknäß
garšvielas	Gewürze	garschwiälaß
gurķis; **maltā gaļa**	Gurke; Hackfleisch	gurkjiß; maltaa galja
līdaka; **siļķe**	Hecht; Hering	liidaka; ßiljkjä
medus; **karpa**	Honig; Karpfen	mäduß; karpa
siers; **kūka**	Käse; Kuchen	ßiärß; kuuka
ķirbis; **lasis**	Kürbis; Lachs	kjirbiß; laßiß
arbūzs; **piens**	Melone; Milch	arbuuß; piänß
augļi; **paprika**	Obst; Paprika	auglji; paprika
pipari; **plūme**	Pfeffer; Pflaume	pipari; pluumä
biezpiens	Quark	biäspiänß
(skābais) krējums	(saure) Sahne	ßkaabaiß krääjumß
putukrējums	Schlagsahne	putukrääjumß
sāls; **šķiņķis**	Salz; Schinken	ßaalß; schkjinjkjiß
sinepes	Senf	ßinäpäß
saldējums	Speiseeis	ßaldäjumß
tomāts; **vīnogas**	Tomate; Weintrauben	tuomaatß; wiinuogaß
desa; **citrons**	Wurst; Zitrone	däßa; zitruonß
cukurs; **sīpols**	Zucker; Zwiebel	zukurß; ßiipuolß

Essen & Trinken

Erst einmal das Wichtigste auf einen Blick:

restorāns; **ēdnīca**	Restaurant; Cafeteria	räßtoraanß; äädniiza
kafejnīca; **bārs**	Café; Bar	kafäjniiza; baarß
ēst; **dzert**	essen; trinken	ääßt; dsärt
brokastis	Frühstück	bruokaßtiß
pusdienas	Mittagessen	pußdiänaß
vakariņas	Abendbrot	wakarinjaß

im Restaurant

Statt „ich habe Hunger" sagt man in Lettland:

🔊 Man gribas ēst. 🔊 Vai Jums ir brīvs galdiņš?
man gribaß ääßt   wai jumß ir briiwß galdinjß
mir³ will-sich essen FW euch³ (er-)ist freier Tischlein
Ich will essen.   Haben Sie einen freien Tisch?

Mit einem Smartphone können Sie sich die mit einem 🔊 gekennzeichneten Sätze dieses Kapitels anhören.

🔊 Šis galdiņš ir aizņemts.
schiß galdinjß ir aisnjämtß
dieser Tischlein (er-)ist besetzt
Dieser Tisch ist besetzt.

🔊 Lūdzu, galdiņu četrām personām.
luudsu galdinju tschätraam pärßuonaam
(ich-)bitte Tischlein⁴ vier³ Personen³
Einen Tisch für vier Personen, bitte.

🔊 Pasniedziet, lūdzu, ēdienu karti!
paßniädsiät luudsu äädiänu karti
reicht! (ich-)bitte Speisen² Karte⁴
Geben Sie mir bitte die Speisekarte!

🔊 Vai tas ir gaļas ēdiens?
wai taß ir galjaß äädiänß
FW jenes (er-)ist Fleisch² Gericht
Ist das ein Fleischgericht?

🔊 Ko Jūs varētu man ieteikt?
kuo juuß waäätu man iätäikt
was⁴ Sie könnte mir³ empfehlen
Was könnten Sie mir empfehlen?

Es esmu veģetārietis.
äß äßmu wädjätaariätiß
ich (ich-)bin Vegetarier
Ich bin Vegetarier.

Man, lūdzu, zirņu zupu / soļanku.
man luudsu sirnju supu / ßoljanku
mir[3] (ich-)bitte Erbsen[2] Suppe[4] / Soljanka[4]
Für mich Erbsensuppe / Soljanka, bitte.

Atnesiet, lūdzu, vienu porciju / divas porcijas...
atnäßiät luudsu wiänu puorziju / diwaß porzijaß
bringt! (ich-)bitte eine[4] Portion[4] /
zwei[4] Portionen[4] ...[2. Fall]
Bringen Sie bitte eine / zwei Portion(en) ...

Labu ēstgribu!   Paldies Jums tāpat!
labu ääßtgribu   paldiäß jumß taapat
gute[4] Appetit[4]   Dank euch[3] ebenso
Guten Appetit!   Danke gleichfalls!

◾ Schloss Pilsrundāle in Mitau (Jelgava)

🎵 **Ēdiens garšoja lieliski.**

äädiänß garschuoja liälißki

Essen (er-)schmeckte großartig(Umst.)

Das Essen hat sehr gut geschmeckt.

🎵 **Lūdzu, rēķinu!**

luudsu rääkjinu

(ich-)bitte Rechnung[4]

Die Rechnung, bitte!

lettische Spezialitäten	
bäärsu ßula	**bērzu sula**⑤ Birkensaft mit Rosinen
biäspiänß	**biezpiens**② Quark
biäsputra	**biezputra**⑤ Grütze
zuukaß galärtß	**cūkas galerts**① Schwein in Aspik
däbäß manna	**debess manna** „Himmlisches Mannah" (Nachspeise aus Weizenbrei)
kjiißäliß	**ķīselis**② Beerengelee (hauptsächlich aus Moosbeeren)
klindjäriß	**kliņģeris**② lettisches Gebäck, eine Art süße Brezel, besonders bei Geburtstagen beliebt
kompotß	**kompots**① Obstsaft mit Fruchtstücken
kwaß	**kvass**① Getränk aus Roggenbrot oder Obst, Wasser, Hefe, Zucker oder Honig
maltaa galja	**maltā gaļa**⑤ Hackfleisch
wiltuotß sakjiß	**viltots zaķis**② Falscher Hase
pieraagi	**pīrāgi**①Mz Piroggen (Teigtaschen)
ßkaabaa putra	**skābā putra**⑤ saure Graupengrütze
ßwaigu kaapuoßtu supa	**svaigu kāpostu zupa**⑤ Kohlsuppe
taukschkjääti sirnji	**taukšķēti zirņi**①Mz geröstete Erbsen
siwjupiäna supa	**zivjupiena zupa**⑤ Fischcremesuppe (mit Milch)

Getränke

minerālūdens[3]	Mineralwasser	minäraaluudänß
limonāde[6]; **kompots**[1]	Fruchtsaft	limonaadä; kompotß
sula[5]	Saft	ßula
(melna) kafija[5]	(schwarzer) Kaffee	(mälna) kafija
kafija ar pienu / cukuru	K. m. Milch / Zucker	kafija ar piänu / zukru
tēja[5] **(ar citronu)**	Tee (mit Zitrone)	tääja (ar zitronu)
alus[4]; **vīns**[1]	Bier / Wein	aluß; wiinß
sarkanvīns[1]; **baltvīns**[1]	Rotwein / Weißwein	ßarkanwiinß; baltwiinß

alkoholische Spezialitäten

Rīgas Melnais Balzams	Rigaer Schwarzer Balsam (Kräuterlikör nach Geheimrezept)	riigaß mänais balsamß
Allažu Ķimelis	Allasch (Kümmellikör)	allashu kjimäliß
Kursa	Beerenlikör	kurßa
Kristāldzidrais	lettischer Wodka	krißtaaldsidraiß

Priekā!	priäkaa	Zum Wohl! *(Freude*[5]*)*

Bank, Post, Behörden

Die Währung Lettlands ist der lats. Die kleine Geldeinheit heißt santīms.

banka[5]	Bank	banka
valūtas kurss[1]	Wechselkurs	waluutaß kurß
valūtas maiņas punkts[1]	Wechselstube	waluutaß mainjaß punktß
bankomāts[1]	Geldautomat	bankomaatß

Bank, Post, Behörden

kredītkarte[6]
krediitkartä
Kreditkarte

👂 **Es gribētu mainīt naudu.**
äß gribäätu mainiit naudu
ich würde-wollen tauschen Gelder[4]
Ich möchte Geld umtauschen.

čeks[1]
tschäkß
Scheck

👂 **Kādi tagad ir valūtas kursi?**
kaadi tagad ir waluutaß kurßi
welche jetzt (sie-)sind Devise[2] *Kurse*
Wie sind jetzt die Wechselkurse?

👂 **Vai Jums ir sīknauda?**
wai jumß ir ßiiknauda
FW euch[3] *(sie-)ist Kleingeld*
Haben Sie Kleingeld?

👂 **Vai Jūs to varat samainīt?**
wai juuß tuo warat ßamainiit
FW Sie jenes[4] *(ihr-)könnt wechseln*
Können Sie wechseln?

Post

👂 **Pasta nodaļa ir atvērta / slēgta.**
paßta nuodalja ir atwäärta / ßläägta
Post[2] *Abteilung (sie-)ist geöffnete / geschlossene*
Das Postamt ist geöffnet / geschlossen.

paßta nuodalja	**pasta nodaļa**[5]	Postamt
paßtkaßtiitä	**pastkastīte**[6]	Briefkasten
nuoßuutiitaajß	**nosūtītājs**[1]	Absender
ßanjäämääjß	**saņēmējs**[1]	Empfänger
paßtmarka	**pastmarka**[5]	Briefmarke
apluokßnä	**aploksne**[6]	Briefumschlag
wäästulä	**vēstule**[6]	Brief
atklaatnä	**atklātne**[6]	Postkarte
gaißa paßtß	**gaisa pasts**[1]	Luftpost
bandruolä; paka	**bandrole**[6]; **paka**[5]	Drucksache; Paket
paßta isdäwumi	**pasta izdevumi**[1] Mz	Porto

Cik maksā atklātne uz Vāciju?

zik makßaa atklaatnä us waziju

wie-viel (sie-)kostet Postkarte nach Deutschland[4]

Was kostet eine Postkarte nach Deutschland?

uz Šveici	us schwäizi	in die Schweiz
uz Austriju	us außtriju	nach Österreich
uz Nīderlandi	us niidärlandi	in die Niederlande
uz Beļģiju	us bäljdjiju	nach Belgien

telefonieren

Telefonieren in Lettland ist mittlerweile völlig problemlos geworden, und das sowohl für Inlands- als auch für Auslandstelefonate. Es überwiegen die öffentlichen Kartentelefone. Auch das Mobiltelefon ist eine Selbstverständlichkeit im Land und bietet sich – ebenso wie die Internettelefonie – für den zeitgemäßen Kontakt mit der Heimat an.

Kāds ir Vācijas kods?

kaadß ir waazijaß kuodß

welcher (er-)ist Deutschland[2] Code

Wie lautet die Vorwahl für Deutschland?

Šveices kods[1]	Vorwahl für die Schweiz	schwäizäß kuodß
Austrijas kods[1]	Vorwahl für Österreich	außtrijaß kuodß
Nīderlandes kods[1]	Vorwahl für die Niederlande	niidärlandäß kuodß
Beļģijas kods[1]	Vorwahl für Belgien	bäljdjijaß kuodß

täläfonß **telefons**①	Telefon
täläfona automaatß **telefona automāts**①	Telefonzelle
mobilaiß täläfonß **mobilais telefons**	Handy
abonäntu ßarakßtß **abonentu saraksts**	Telefonbuch
kuodß **kods**①	Vorwahlnummer
täläfona numurß **telefona numurs**①	Telefonnummer
ussinjaß **uzziņas**⑤Mz	Auskunft
ßaruna **saruna**⑤	Gespräch
piäswaniit **piezvanīt**②	anrufen
runaat pa täläfonu **runāt pa telefonu**	telefonieren
intärnätß **internets**①	Internet
datuorß **dators**①	Computer

🕭 **Kur te ir tuvākais telefona automāts?**
kur tä ir tuwaakaiß täläfona automaatß
wo hier (er-)ist nächster(-der) Telefon² Automat
Wo ist hier die nächste Telefonzelle?

🕭 **Nepareizi savienots!**
näparäisi ßawiänuotß
nicht-korrekt(Umst.) verbunden
Falsch verbunden!

🕭 **Lūdzu!**
luudsu
(ich-)bitte
Hallo!

🕭 **Ar ko es runāju?**
ar kuo äß runaaju
mit wem⁴ ich (ich-)spreche
Mit wem spreche ich?

🕭 **Te runā ...**
tä runaa
hier (er-)spricht
Hier spricht ...

🕭 **Es gribētu runāt ar ... kungu / kundzi.**
äß gribäätu runaat ar ... kungu / kundsi
ich würde-wollen sprechen mit ...²·Fall Herrn / Frau
Ich möchte mit Herrn / Frau ... sprechen.

Polizei

🗩 **Izsauciet, lūdzu, policiju!**
iißauziät luudsu poliziju
ruft! bitte Polizei[4]
Rufen Sie die Polizei!

🗩 **Man nozuda naudas maks.**
man nuosuda naudaß makß
mir[3] (er-)verschwand Geld[2] Börse
Mein Portemonnaie ist weg.

🗩 **Man nozuda dokumenti.**
man nuosuda dokumänti
mir[3] (sie-)verschwanden Ausweispapiere
Meine Ausweispapiere sind weg.

🗩 **Man nozaga mašīnas atslēgas.**
man nuosaga maschiinaß atßläägaß
mir[3] (sie-)stahlen Auto[2] Schlüssel[4]
Man stahl mir die Autoschlüssel.

Formulare ausfüllen

🗩 **Lūdzu, izpildiet šo veidlapu!**
luudsu ispildiät schuo wäidlapu
(ich-)bitte ausfüllt! diese[4] Formular[4]
Bitte, füllen Sie dieses Formular aus.

🗩 **Lūdzu, palīdziet man izpildīt veidlapu.**
luudsu paliidsiät man ispildiit wäidlapu
(ich-)bitte helft! mir[3] ausfüllen Formular[4]
Bitte helfen Sie mir beim Ausfüllen.

adräßa; atljauja	**adrese⑥; atļauja⑤**	Adresse; Erlaubnis
darba wiäta	**darba vieta⑤**	Arbeitsstelle
datumß	**datums①**	Datum
dokumäntß	**dokuments①**	Dokument
dsimschanaß diäna	**dzimšanas diena⑤**	Geburtstag
dsimschanaß määnaßiß	**dzimšanas mēnesis②**	Geburtsmonat
dsimschanaß gadß	**dzimšanas gads①**	Geburtsjahr
dsimschanaß wiäta	**dzimšanas vieta⑤**	Geburtsort
dsiiwäß wiäta	**dzīves vieta⑤**	Wohnort
djimänäß ßtaawuokliß	**ģimenes stāvoklis②**	Familienstand
iälä; isgliitiiba	**iela⑤; izglītība⑤**	Straße; Ausbildung
mäitaß waardß	**meitas vārds①**	Geburtsname
parakßtß; paße	**paraksts①; pase⑥**	Unterschrift; Pass
pawalßniäziiba	**pavalstniecība⑤**	Staatsbürgerschaft
pärßuonaß apliäziiba	**personas apliecība⑤**	Personalausweis
profäßija; tautiiba	**profesija⑤; tautība⑤**	Beruf; Nationalität
uswaardß; waardß	**uzvārds①; vārds①**	Nachname; Vorname
wäidlapa; sämä	**veidlapa⑤; zeme⑥**	Formular; Land

Fotografieren

Filmmaterial ist in analoger und in digitaler Form problemlos erhältlich.

fotoaparaatß	**fotoaparāts①**	Fotoapparat
digitaalaiß fotoaparaatß	**digitālais fotoaparāts①**	Digitalkamera
filma	**filma⑤**	Film
diapositiiwß	**diapozitīvs①**	Dia
kraaßainaa filma	**krāsainā filma⑤**	Farbfilm
nägatiiwß	**negatīvs①**	Negativ

attīstīt②	entwickeln	attiißtiit
fotografēt③	fotografieren	fotografäät
filmēt③	filmen	filmäät

🕯 **Vai es drīkstu Jūs nofotografēt?**
wai äß driikßtu juuß nuofotografäät
FW ich (ich-)darf euch⁴ fotografieren
Darf ich Sie fotografieren?

🕯 **Vai es šeit drīkstu fotografēt?**
wai äß schäit driikßtu fotografäät
FW ich hier (ich-)darf fotografieren
Darf ich hier fotografieren?

🕯 **Es sūtīšu tev / jums kopijas / fotogrāfijas.**
äß ßuutiischu täu / jumß kopijaß / fotograafijaß
ich (ich-)werde-schicken dir³ / euch³ Kopien⁴ /
Fotografien⁴
Ich werde dir / euch / Ihnen Abzüge / Fotos
schicken.

Rauchen

Für die Raucher unter Ihnen, aber auch,
falls jemand Sie fragen sollte:

🕯 **Vai šeit ir atļauts smēķēt?**
wai schait ir atljautß ßmääkjäät
FW hier (es-)ist erlaubt rauchen
Ist Rauchen hier erlaubt?

Krank sein

🌙 **Vai Jums ir sērkociņi?**
wai kumß ir ßäärkuozinji
FW euch³ (sie-)sind Streichhölzer
Haben Sie Streichhölzer?

🌙 **Vienu paciņu cigarešu, lūdzu.**
wiänu pazinju zigaräschu luudsu
eine⁴ Packung⁴ Zigaretten² (ich-)bitte
Eine Packung Zigaretten, bitte.

🌙 **Smēķēt aizliegts!**
ßmääkjäät aisliägtß
rauchen verboten
Rauchen verboten!

🌙 **Pasniedziet, lūdzu, pelnutrauku.**
paßniädsiät luudsu pälnutrauku
reicht! (ich-)bitte Aschenbecher⁴
Reichen Sie mir bitte den Aschenbecher.

Krank sein

Medizinische Hilfe (medicīniskā palīdzība mä-
diziinißkaa paliidsiiba) bekommt man in dringen-
den Fällen über die Notrufnummer 03. An-
sonsten sind auch die Polikliniken zu empfehlen.

beim Arzt

slimnīca⑤	Krankenhaus	ßlimniiza
ārsts①; **ārste**⑥	Arzt / Ärztin	aarßtß; aarßtä
ārsta kabinets①	Arztpraxis	aarßta kabinätß
uzgaidāmā telpa⑤	Wartezimmer	usgaidaamaa tälpa

👂 **Man jāiet pie ārsta.**
man jaa-iät piä aarßta
mir[3] (es-)muss-gehen bei Arzt[2]
Ich muss zum Arzt gehen.

👂 **Kad ārsts pieņem?**
kad aarßtß piänjäm
wann Arzt (er-)empfängt
Wann hat der Arzt Sprechstunde?

👂 **Lūdzu, sauciet ātro palīdzību.**
luudsu ßauziät aatruo paliidsiibu
(ich-)bitte ruft! schnelle[4] Hilfe[4]
Bitte rufen Sie den Notarzt!

👂 **Es esmu slims / slima.**
äß äßmu ßlimß / ßlima
ich (ich-)bin krank(m/w)
Ich bin krank.

Man sāp ...
man ßaap
mir[3] (es-)schmerzt
Mir tut / tun ... weh.

roka⑤; **acs**⑦	Arm / Hand; Auge	ruoka; az
vēders①; **kāja**⑤	Bauch; Bein / Fuß	wäädärß; kaaja
pūslis②; **kakls**①	Blase; Hals	puußliß; kaklß
sirds⑦; **galva**⑤	Herz; Kopf	ßirdß; galwa
kuņģis②; **niere**⑥	Magen; Niere	kunjdjiß; niärä

Krank sein

außiß; mugura	**ausis⑦Mz; mugura⑤**	Ohren; Rücken
pläz; suobß	**plecs①; zobs①**	Schulter; Zahn

👂 **Es esmu saaukstējies / saaukstējusies.**
äß äßmu ßa-aukßtääjiäß / ßa-aukßtääjußiäß
ich (ich-)bin erkältet(m/w)
Ich bin erkältet.

👂 **Es esmu aizsmacis / aizsmakusi.**
äß äßmu aisßmaziß / aisßmakußi
ich (ich-)bin heiser(m/w)
Ich bin heiser.

Es esmu stāvoklī.
äß äßmu ßtaawuoklii
ich (ich-)bin Zustand[5]
Ich bin schwanger.

👂 **Man / Jums ir ...**
man / jumß ir
mir[3] / euch[3] (es-)ist
Ich habe / Sie haben ...

alärdjija	**alerģija⑤**	Allergie
zukurßlimiiba	**cukurslimība⑤**	Diabetes
zauräja; iäkaißumß	**caureja⑤; iekaisums①**	Durchfall; Entzündung
drudsiß; gripa	**drudzis②; gripa⑤**	Fieber; Grippe
kläpuß; galwaßßaapäß	**klepus④; galvassāpes⑥**	Husten; Kopfschmerz
iäßnaß; nälabumß	**iesnas⑤; nelabums①**	Schnupfen; Übelkeit
suobu ßaapäß	**zobu sāpes⑥Mz**	Zahnschmerz

👂 **Man vajag detalizētu kvīti slimības apdrošināšanai.**
man wajag detalisäätu kwiiti ßlimiibaß apdruoschinaaschanai
mir[3] (es-)ist-nötig detaillierte[4] Quittung[4] Krankheit[2] Versicherung[3]
Ich brauche eine ausführliche Quittung für die Krankenversicherung.

beim Zahnarzt

zobārsts①	suobaarßtß	Zahnarzt
plombe⑥	plombä	Füllung (Zahn)
kronītis②	kruoniitiß	Krone
zobakmens③	suobakmänß	Zahnstein

🗣 **Lūdzu, aizplombējiet zobu, neraujiet!**
luudsu aisplombääjiät suobu näraujiät
(ich)-bitte plombiert! Zahn⁴ nicht-zieht!
Den Zahn bitte plombieren, nicht ziehen!

in der Apotheke

aptieka⑤; **zāles**⑥ᴹᶻ	Apotheke; Arznei	aptiäka; saaläß
saite⑥	Verband	ßaitä
higiēniskā saite⑥	Damenbinde	higiänißkaa ßaitä
termometrs①	Thermometer	tärmomätrß
leikoplasts①	Heftpflaster	läikoplaßtß
plāksteris②		plaakßtäriß
marle⑥	Mull / Gaze	marlä
ziede⑥; **tablete**⑥	Salbe; Tablette	siädä; tablätä
pilieni①ᴹᶻ; **vate**⑥	Tropfen; Watte	piliäni; watä
autiņš①	Windel	autinjsch
svecīte⑥	Zäpfchen	ßwäziitä
dzeršanai⑤	zum Einnehmen	dsärschanai
ierīvēšanai⑤	zum Einreiben	iäriiwääschanai
bērniem	für Kinder	bäärniäm

🗣 **Dodiet man, lūdzu, kaut ko pret ...**
duodiät man luudsu kaut kuo prät
*gebt! mir³ (ich-)bitte irgend was⁴ gegen ...*⁴·ᶠᵃˡˡ
Bitte geben Sie mir etwas gegen ...

🔊 Kā šīs zāles jālieto?
kaa schiiß saaläß jaaliätuo
wie diese⁴ Arzneien⁴ (es-)muss-anwenden
Wie muss man dieses Medikament
einnehmen?

🔊 Cikreiz dienā tās jālieto?
zikräis diänaa taaß jaaliätuo
wie-viel-Mal Tag⁵ diese⁽ᴹᶻ⁾⁴ (es-)muss-anwenden
Wie oft muss man es einnehmen?

🔊 pēc / pirms ēšanas
pääz / pirmß ääschanaß
nach / vor Essen²
nach / vor dem Essen

🔊 vienreiz / divreiz / trīsreiz dienā
wiänräis / diwräis / triißräis diänaa
einmal / zweimal / dreimal Tag⁵
einmal / zweimal / dreimal am Tag

Toilette & Co.

Öffentliche Toiletten sind in Lettland oft
gebührenpflichtig, aber dafür auch sauber.

S (sievietēm)	ßiäwiätääm	(für) Damen
V (vīriešiem)	wiiriäschiäm	(für) Herren
nodoklis②	nuoduokliß	Gebühr
brīvs	briiwß	frei

aizņemts	aisnjämtß	besetzt
ziepes[©Mz]	siäpäß	Seife
dvielis[②]	dwiäliß	Handtuch

Kur ir tualete, lūdzu?
kur ir tualätä luudsu
wo (sie-)ist Toilette (ich-)bitte
Wo ist die Toilette, bitte?

Schimpfen & Fluchen

In diesem Kapitel wird nur eine Auswahl gebräuchlicher Fluch- und Schimpfwörter leichteren Kalibers geboten. Auf alles andere sollte man als Tourist lieber verzichten.

Pie velna!
piä wälna
bei Teufel[2]
Zum Teufel!

Muļķibas!
muljkjiibaß
Unsinn[2]
Quatsch!

Vācies!
waaziäß
abhau!
Hau ab!

Turi muti!
turi muti
halt! Mund[4]
Halt die Klappe!

Vai tu esi jucis / jukusi?
wai tu äß juziß / jukußi
FW du (du-)bist verrückt[(m/w)]
Bist du verrückt?

Tu esi stulbs / stulba!
tu äßi ßtulbß / ßtulba
du (du-)bist dumm[(m/w)]
Du bist dumm!

Liec mani mierā!
liäz mani miäraa
lass! mich[4] Frieden[5]
Lass mich in Frieden!

Literaturhinweise

Für alle, die den Wunsch haben, Lettisch von Grund auf zu lernen, empfehle ich:

Diese Bücher sind nicht über den Reise Know-How Verlag erhältlich. Bitte wenden Sie sich an Ihre Buchhandlung! oder versuchen Sie es über den Internet-Bücherversand.

Lettisch Intensiv!, Aija Priedīte & Andreas Ludden, Bibliotheca Baltica, Hamburg 1992 – *ausgezeichnetes Lehrbuch mit sehr reichem Übungsmaterial und Lösungen, aber etwas akademisch. Für Philologen ein Muss!*

Labdien! Lettisch für Deutschsprachige. Teil 1 und 2, Berthold Forssman, Hempen, Bremen 2008 (Teil 1) / 2010 (Teil 2). – *das aktuellste und praktischste Lehrbuch, dennoch mit ausführlicher Behandlung der Grammatik. Mit Begleit-CD.*

Die Homepages vieler lettischer Zeitungen können über folgendes Portal erreicht werden:
www.news.lv

Colloquial Latvian, Christopher Moseley, Routledge, London, 1996 – *systematischer Lehrgang mit CD und umfangreichem Übungsmaterial, englisch.*

Lettische Grammatik, J.H. Holst, Buske, Hamburg 2001 – *ausführliche Darstellung der Grammatik, stark linguistisch geprägt.*

Größte Tageszeitung ist Diena („Der Tag"), die in einer lettischen und in einer russischen Ausgabe erscheint.

Latviešu valodas vārdnīca, D. Guļevska, R. Balina u.a., Avots, Riga 1998 – *einsprachiges Wörterbuch mit vollständigen Angaben zur Beugung der lettischen Wörter. Empfehlenswert bei Vorkenntnissen!*

Die lettische Botschaft in Berlin hat eine eigene Homepage mit vielen nützlichen Informationen:
www.botschaft-lettland.de

Wörterbuch Lettisch–Deutsch Deutsch–Lettisch, Berthold Forssman, Hempen, Bremen 2011 (2. Auflage) – *enthält etwa 43.000 Stichwörter und Redewendungen. Im Gegensatz zu den meisten Wörterbüchern aus Lettland enthält es grammatische Angaben zu den lettischen Einträgen (und nicht zu den deutschen!).*

Wörterliste Deutsch – Lettisch

Abendstimmung in Riga

A*bkürzungen*:
m = männlich
w = weiblich
Ez = Einzahl
Mz = Mehrzahl
Eig. = Eigenschaftswort
Umst. = Umstandswort
①②③④⑤⑥⑦
= Beugungsklassen der Hauptwörter
①①a①b②③ *= Beugungsschema für Verben*
Bei ***unregelmäßigen Verben**** *ist die 3. Person Gegenwart angegeben, z. B.* ilgt *(①, 3.:* ilgst*), d. h.: Infinitiv:* ilgt *- Beugungsklasse ①, 3. Person Gegenwart:* ilgst.
Seltener ist die 1. Person Gegenwart (1.) oder 3. Person Vergangenheit (3. Verg.) angegeben.
Bei ***Verhältniswörtern*** *ist die Fallnummer angegeben, in dem das nachfolgende Hauptwort (in der Einzahl) gebeugt werden muss, z. B.:* uz *(+2), d .h.: das Hauptwort in der Einzahl wird nach* uz *(auf) im 2. Fall gebeugt.*

A

ab und zu šad un tad
Abend vakars①
Abendbrot essen vakariņot③
Abendessen vakariņas⑤Mz
abends vakaros
aber bet
abfahren aizbraukt①b
abfliegen aizlidot③
abgeben nodot①
abreisen aizceļot③
abschicken nosūtīt②
Abteil kupeja⑤
Adresse adrese⑥
Alkohol alkohols①
allein viens pats
als (Vergl.) (ne)kā; **(zeitl.)** kad
alt vecs, sens
Alter vecums①
Altstadt vecpilsēta⑤
Ameise skudra
Ampel luksofors①
Andenken piemiņa⑤
anderer cits
anfangen sākt①a
Angestellter darbinieks①
anhalten apturēt②
ankommen atnākt①a; nonākt①a
Ankunft pienākšana; atnākšana⑤
anmelden pieteikt①b
anrufen piezvanīt②
Antwort atbilde⑥
antworten atbildēt②
Apfel ābols①
Apotheke aptieka⑤
Arbeit darbs①
arbeiten strādāt③
Arbeiter strādnieks①
arm nabadzīgs; trūcīgs
Arm roka⑤
Arzt ārsts①
auch arī
Aufenthalt uzturēšanās⑤
aufhören izbeigt
aufschreiben uzrakstīt②
aufstehen piecelties①a; uzcelties①
Auge acs⑦
Ausfuhr eksports①
Ausgang izeja⑤
ausgezeichnet lielisks
Auskunft uzziņas⑤Mz
Ausland ārzemes⑥Mz
Ausländer ārzemnieks①
ausländisch ārzemju
Ausreise aizceļošana⑤
Aussprache izruna⑤

aussteigen kāpt[b] ārā
Ausstellung izstāde[6]
Ausweis apliecība[5]
ausziehen novilkt[1a]
Auto mašīna[5]

B

Badeanzug peldkostīms[1]
Badehose peldbikses[6Mz]
baden peldēties[1]
Badezimmer
 vannas istaba[5]
Bahnhof stacija[5]
Bahnsteig perons[1]
bald drīz
Bank (Geld) banka[5]
 (Sitz-) sols[1]
Bargeld skaidra nauda[5]
Batterie baterija[5]
Bauch vēders[1]
bauen celt[1a]
Bauer zemnieks[1]
Baum koks[1]
beeilen, sich pasteigties[1b]
beenden pabeigt[2b]
begegnen, sich satikties[1]
beginnen sākt[1a]
begleiten pavadīt[2]
begrüßen sveicināt[2]
behandeln (Arzt) ārstēt[3]
Behörde iestāde[6]
Bein kāja[5]
Beispiel piemērs[1]
bekanntmachen, sich
 iepazīties ([1] 3. iepazīstas)
bekommen dabūt[3]
beleidigen aizvainot[3]
benachrichtigen paziņot[3]
benutzen lietot[3]

Benzin benzīns[1]
Berg kalns[1]
Beruf profesija[5]
berühmt slavens
beschweren, sich
 sūdzēties[1]
Besen slota[5]
besichtigen apskatīt[2]
Besitzer īpašnieks[1]
besser labāks
Besteck
 galda piederumi[1Mz]
bestellen pasūtīt[2]
Bestellung pasūtījums[1]
bestrafen sodīt[2]
Besuch viesošanās[5]
besuchen apciemot[3]
betrunken piedzēries
Bett gulta[5]
Bettzeug gultas veļa[5]
bevor pirms
bewahren uzturēt[2]
Beweis pierādījums[1]
bezahlen samaksāt[3]
Biene bite[6]
Bier alus[1]
Bild bilde[6]; attēls[1]
billig lēts
Binde (Verband) saite[6];
 (Damen-) higiēniskā
 saite[6]
bisschen mazliet
Bitte lūgums[1]
bitten lūgt ([1]b 3. [1] dz)
Blatt lapa[5]
bleiben palikt ([1]a 3. paliek,
 3. Verg. palika)
Bleistift zīmulis[1]
Blume puķe[6]
Blut asins[2]

Boden (Fuß-) grīda[5]
Boot laiva[5]
Botschaft (dipl.)
 vēstniecība[5]
Brand ugunsgrēks[1]
Brauch ieradums[1]
brauchen vajadzēt[2]
breit plats
brennen degt[1a]
Brief vēstule[1]
Briefmarke pastmarka[5]
Briefumschlag aploksne[6]
Brille brilles[6Mz]
bringen atnest[1]
Brot maize[6]
Brücke tilts[1]
Bruder brālis[1]
Brust krūts[1]
Brustkorb krūškurvis[2]
Buch grāmata[5]
buchen pasūtīt[2]
Buchstabe burts[1]
buchstabieren burtot[3]
bunt krāsains
Burg pils[1]
Bürger pilsonis[2];
 pavalstnieks[1]
Büro birojs[1]
Bürste suka[5]
Bus autobuss[1]
Butter sviests[1]

C / D

Chef šefs[1]; vadītājs[1]
Computer dators[1]
da tur, te, šeit
damit lai (+ Bedingungsf.)
danach pēc tam
danke paldies

danken pateikties (① 3. pateicas)
dann tad
dass ka
Datum datums①
dauern ilgt (① 3. ilgst)
Decke (Bett-) sega⑤
denken domāt③
Denkmal piemineklis②
deshalb tāpēc
Deutsche vāciete⑥
Deutscher vācietis②
Deutschland Vācija⑤
dick biezs
Diebstahl zādzība⑤
dieser šis
Ding lieta⑤
Dolmetscher tulks①
Dorf ciems①
dort tur
dorthin turp
draußen laukā; ārā
dringend steidzams
drinnen iekšā
dumm muļķīgs; dumjš
dunkel tumšs
dünn tievs
Durchfall caureja⑤
dürfen drīkstēt②
Durst slāpes⑥Mz; **D. haben** slāpt (① 3. slāpst)

E

echt īsts
Ehefrau sieva⑤
Ehemann vīrs①
Ehepaar precēts pāris②
Ei ola⑤
Eigentum īpašums①
Eimer spainis②
einander viens otru; cits citu
Einbruch ielaušanās⑤
einfach vienkāršs
Einfuhr imports①
Eingang ieeja⑤
einige daži(m, Mz) / dažas(w, Mz)
einladen ielūgt①
Einladung ielūgums①
einmal vienreiz
einsteigen iekāpt①
eintreten ieiet (① 3. ieiet)
einverstanden sein piekrist (① 3. piekrīt)
Einwohner iedzīvotājs①
Eis (Wasser) ledus④; **(Speise-)** saldējums①
Eisenbahn dzelzceļš①
Eiter strutas⑤Mz
Eltern vecāki①Mz
empfangen saņemt①
empfehlen ieteikt①b
Ende gals①
eng šaurs
englisch anglisks
Enkel mazdēls①
Enkelin mazmeita⑤
entscheiden izšķirt①
entschuldigen, sich atvainoties③
Erde zeme⑥
Ereignis notikums①
Erfolg panākums①
erholen, sich atpūsties (① 3. atpūšas)
erinnern, sich atminēties (② 3. atmiņas)
erkältet saaukstējies(m) / saaukstējusies(w)
erklären izskaidrot③
erkundigen, sich apvaicāties③
erlauben atļaut (① 3. atļauja)
Erlaubnis atļauja⑤
Ermäßigung pazeminājums①
Ersatz atlīdzība⑤
erzählen stāstīt②
essen ēst (① 3. ēd)
Essen (Nahrung) ēdiens①
Essig etiķis②
Etage stāvs①
etwas kaut kas

F

Fabrik fabrika⑤
Faden diegs①
Fahne karogs①
Fähre prāmis②
fahren braukt①b
Fahrer šoferis②
Fahrkarte biļete⑥
Fahrplan saraksts①
Fahrrad divritenis②
Fahrt braukšana⑤
Fahrzeug satiksmes līdzeklis②
falsch nepareizs
Familie ģimene⑥
Farbe krāsa⑤
faul (Obst) bojāts; **(träge)** slinks
Fehler kļūda⑤
Feier svinības⑤Mz
feilschen kaulēties③
Feld lauks①
Fenster logs①

Wörterliste Deutsch – Lettisch

Ferien brīvdienas⑤Mz
fern tāls; tālu
Fernsehgerät televizors①
fertig gatavs
fest ciets
Fest svētki①Mz
feucht mitrs
Feuer uguns③
Feuerzeug šķiltavas⑤Mz
Fieber drudzis②
Film filma⑤
finden atrast (① 3. atrod, 3. Verg. atrada)
Finger pirksts①
Fingernagel nags①
Fisch zivs⑦
Flasche pudele⑥
Fleisch gaļa⑤
fleißig strādīgs
fliegen lidot③
flirten flirtēt③
Flug lidojums①
Flughafen lidosta⑤
Flugzeug lidmašīna⑤
Fluss upe⑥
flüssig šķidrs
Folklore folklora⑤
Formular formulārs①; veidlapa⑤
Fotoapparat fotoaparāts①
Fotografie fotogrāfija⑤
fotografieren fotografēt③
Frage jautājums①
fragen jautāt③
Frau sieviete⑥; **(Anrede)** kundze⑥
Fräulein jaunkundze⑥
frei brīvs
fremd svešs
freuen, sich priecāties③
Freund draugs①
Freundin draudzene⑥
freundlich laipns
Freundschaft draudzība⑤
Frieden miers①
frieren salt (① 3. salst)
frisch svaigs
fröhlich līksms; priecīgs
Frucht auglis②
früh agrs
früher agrāk
Frühling pavasaris②
Frühstück brokastis⑦Mz
frühstücken brokastot③
fühlen, sich justies (① 3. jūtas, 3. Verg. jutas)
fürchten, sich (vor) baidīties② (no)
Fuß kāja⑤; **zu F.** kājām

G

Gabel dakšiņa⑤
ganz viss
Garten dārzs①
Gas gāze⑥
Gasse ieliņa⑤
Gast viesis①
Gastfreundschaft viesmīlība⑤
Gastgeber mājas tēvs①
Gebäck cepums①
Gebäude ēka⑤
geben dot (① 3. dod)
Gebühr nodoklis②
Geburtstag dzimšanas diena⑤
gefährlich bīstams
gefallen patikt (① 3. patīk)
Gefühl jūtas⑤Mz
Gegend apvidus④
gegenüber pretī
gehen iet (① 1. eju, 3. iet, 3. Verg. gāja)
Geld nauda⑤
Gemüse saknes⑥Mz
gemütlich patīkams; omulīgs
genau tieši
genug diezgan; pietiekami
geöffnet atvērts
Gepäck bagāža⑤
geradeaus uz priekšu
gern labprāt
Geschäft (Laden) veikals①; **(Tätigkeit)** darīšanas⑤Mz
Geschenk dāvana⑤
Geschichte (Erzählung) stāsts①; **(Historie)** vēsture⑥
geschlossen slēgts
Gesellschaft sabiedrība⑤
Gesetz likums①
Gesicht seja
Gespräch saruna⑤
gestern vakar
gesund vesels
Gesundheit veselība⑤
Getränk dzēriens①
Gewicht svars①
Gewitter negaiss①
gewöhnen, sich pieradināties②
Gewürz garšviela⑤
Gift inde⑥
Glas (Material) stikls①; **(Trink-)** glāze⑥
glauben ticēt②
Glück laime⑥

glücklich laimīgs
Gold zelts[1]
Gott Dievs[1]
Gramm grams[1]
Gras zāle[6]
gratulieren apsveikt[1b]
Grenze robeža[5]
groß liels
Größe lielums[1]
Großmutter vecā māte[6]
Großvater vecais tēvs[1]
Grund (Ursache) iemesls[1]
Gruppe grupa[5]
grüßen sveicināt[2]
gültig derīgs
Gurke gurķis[2]
Gürtel josta[5]
gut labs
Gut (Herrensitz) muiža[5]

H

Haar mats[1]
haben būt[1*] (+3)
Hafen osta[5]
Hälfte puse[6]
halten turēt[2]
Haltestelle pietura[5]
Hand roka[5]
Handel tirdzniecība[1]
hart ciets
Haus māja[5]
Hausfrau namamāte[6]
Haut āda[5]
heben celt[1a]
heiß karsts
helfen palīdzēt[2]
hell gaišs
Hemd krekls[1]
Herbst rudens[3]
Herr kungs[1]

Herz sirds[2]
herzlich sirsnīgs
heute šodien
hier te; šeit
hierher šurp
Hilfe palīdzība[5]
Himmel debess[2]
hinaus ārā
hoch augsts
Hochzeit kāzas[5Mz]
hoffen cerēt[2]
höflich pieklājīgs
holen atnest[1]
Holz koks[1]
Honig medus[4]
hören dzirdēt[2]
Hose bikses[6Mz]
Hotel viesnīca[5]
Huhn vista[5]
Hund suns[1]
hungrig izsalcis
Hygiene higiēna[5]

I

immer vienmēr
impfen potēt[3]
Industrie rūpniecība[5]
Insekt kukainis[2]
Insel sala[5]
interessant saistošs
interessieren, sich
  interesēties[3]
international starptautisks
inzwischen pa to laiku
Irrtum pārpratrums[1]

J

ja jā

Jacke jaka[5]
jagen medīt[3]
Jahr gads[1]
Jahreszeit gadalaiks[1]
Jahrhundert gadsimts[1]
jährlich gadskārtējs
jeder katrs
jedesmal katreiz
jemand kāds
jener tas
jetzt tagad
jung jauns
Junge zēns[1]; puika[5]

K

Kaffee kafija[5]
kalt auksts
Kamm ķemme[6]
kaputt pagalam; beigts
Karte karte[6];
  (Land-) ģeogrāfiskā karte[5]
Kartoffel kartupelis[2]
Käse siers[1]
Kasse kase[6]
Katze kaķis[2]
kaufen (no)pirkt
  ([1] 3. (no)pērk)
kennen pazīt ([1] 3. pazīst,
  3. Verg. pazina)
Kind bērns[1]
Kino kino
Kirche baznīca[5]
Kleid kleita[5]
Kleidung drēbes[6Mz]
klein mazs
klug gudrs
Kneipe krogs[1]
Knie celis[2]
Knochen kauls[1]

Wörterliste Deutsch – Lettisch

Knopf poga⑤
kochen vārīt②
Koffer čemodāns①
kommen nākt①a (3. nāk, 3. Verg. nāca)
kompliziert sarežģīts
können varēt②
Konsulat konsulāts①
kontrollieren kontrolēt③
Konzert koncerts①
Kopf galva⑤
kosten (Preis) maksāt③; **(probieren)** nogaršot③
kostenlos bezmaksas
krank slims
Krankenhaus slimnīca⑤
Krankheit slimība⑤
Kreis riņķis②
Kreuz krusts①
Kreuzung krustojums①
Krieg karš①
Kuh govs①
kühl vēss
Kühlschrank ledusskapis②
Kunst māksla⑤
Kunsthandwerk daiļamatniecība⑤
kurz īss
küssen skūpstīt②

L

lächeln smaidīt②
lachen smieties (① 3. smejas)
Lage stāvoklis②
Lampe lampa⑤
Land zeme⑥
Landschaft ainava⑤
Landwirtschaft lauksaimniecība⑤
lang garš
lange (zeitl.) ilgi
langsam lēns
langweilig garlaicīgs
laufen (rennen) skriet (① 3. skrien)
laut skaļš
leben dzīvot③
Leben dzīve⑥
Lebensmittel pārtikas produkti①Mz
Leder āda⑤
ledig neprecējies(m) / neprecējusies(w)
leer tukšs
legen (etw. hin-) (no)likt (①b 3. (no)liec)
lehren mācīt②
Lehrer skolotājs①
leicht viegls
leihen, sich (von) aizņemties①
lernen mācīties②
lesen lasīt②
Leute ļaudis②Mz
Licht gaisma⑤
lieben mīlēt②
Lied dziesma⑤
liegen gulēt②
links pa kreisi
Lippe lūpa⑤
Löffel karote⑥
Lohn alga⑤
Luft gaiss①
lügen melot③
lustig jautrs

M

machen darīt②
Mädchen meitene⑤
Mais kukurūza⑤
malen gleznot③
manchmal dažreiz
Mann vīrs①; vīrietis②
Mantel mētelis②
Markt tirgus④
Medikament zāles⑥Mz
Meer jūra⑤
Mehl milti①Mz
mehr vairāk
Menge daudzums①
Mensch cilvēks①
merken, sich iegaumēt③
Messer nazis②
mieten īrēt③, nomāt③
Milch piens①
Minute minūte⑥
Mittag; -essen pusdiena⑤
mitteilen paziņot③
Mode mode⑥
möglich iespējams
Mohrrübe burkāns①
Monat mēnesis②
Mond mēness③
morgen rīt
Morgen rīts①
morgens rītos
Motor motors①
Motorrad motocikls①
müde noguris(m) / nogurusi(w)
Müll atkritumi①Mz
Mund mute⑥
Museum muzejs①
Musik mūzika⑤
müssen vajag
Mutter māte⑥

N

Nachmittag pēcpusdiena⑤
Nachricht ziņa⑤
nächster nākošais(m) / nākošajā(w); tuvākais(m) / tuvākajā(w);
nächstes Mal nākošreiz
Nacht nakts⑦
nachts naktīs
nackt pliks
Nadel adata⑤
nah tuvs;
Name vārds①
(Familien-) uzvārds①;
Nase deguns①
nass slapjš
Nationalität tautība⑤
Natur daba⑤
natürlich dabisks
Nebel migla⑤
neben blakus (+3)
nehmen ņemt①
nein nē
neu jauns
neugierig ziņkārīgs
nicht ne- *(Vorsilbe)*
nichts nekas (neko)
niedrig zems
niemals nekad
niemand neviens
nirgendwo nekur
noch vēl;
n. einmal vēlreiz
Norden ziemeļi②Mz
normal normāls
notwendig nepieciešams
Nummer numurs①
nur tikai
nützen līdzēt②

O

ob vai
oben augš
Obst augļi②Mz
oder vai; jeb
öffnen atvērt①
oft bieži
Ohr auss⑦
Öl eļļa⑤
Onkel onkulis②; tēvocis②
Organ orgāns①
organisieren organizēt③
Ort vieta⑤
Osten austrumi①Mz

P / Q

paar (ein p.) pāris; daži
Paar pāris①
Paket paka⑤
Panne avārija⑤
Papier papīrs①
Park parks①
parken (Wagen) novietot③
Pass pase⑥
Patient pacients①
Pause pārtraukums①
Person persona⑤
Pferd zirgs①
Pflanze augs①
Pflaster plāksteris②
Pilz sēne⑥
Plan plāns①
Platz (öffentl.) laukums①;
(z. B. Sitz-) vieta⑤
plötzlich pēkšņi
Politik politika⑤
Polizei policija⑤
Post(amt) pasts①
Postkarte pastkarte⑥
Präservativ prezervatīvs①
Preis cena⑤
privat privāts
Problem problēma⑤
Programm programma⑤
Prospekt brošūra⑤
pünktlich precīzs
Qualität kvalitēte⑥

R

Rad ritenis②
Radio(gerät) radio
Rat padoms①
rauchen smēķēt③
Raum telpa⑤
rechnen rēķināt②
Rechnung rēķins①
Recht tiesības⑤Mz
rechts pa labi
reden runāt③
Regen lietus④
Regenschirm lietussargs①
registrieren reģistrēt③
reich bagāts
reif gatavs
Reifen riepa⑤
Reis rīsi①Mz
Reise ceļojums①
Reisebüro ceļojumu birojs①
reisen ceļot③
reparieren remontēt③
reservieren rezervēt③
Restaurant restorāns①
richtig pareizs
Richtung virziens①
Rock švārki①Mz
roh jēls
Rückfahrt atceļš①

Rücken mugura⑤
Rucksack mugursoma⑤
rufen saukt①b
Ruhe miers①

S

Sache lieta⑤
sagen sacīt (② 3. saka); teikt①b
Salbe ziede⑥
Salz sāls⑦
sammeln krāt (① 2./3. krāj)
Sand smiltis⑦Mz
satt paēdis / paēdusi
Satz (Sprache) teikums①
sauber tīrs
säubern tīrīt②
sauer skābs
Schaf aita⑤
Schallplatte skaņuplate⑥
scharf ass; **(pikant)** sīvs
Scheck čeks①
Schere šķēres⑥Mz
schicken sūtīt②
schießen šaut①
Schiff kuģis②
Schinken šķiņķis②
Schlaf miegs①
schlafen gulēt②
Schlafzimmer guļamistaba⑤
schlagen sist (① 3. sit, 3. Verg. sita)
schlecht slikts
Schloss (Gebäude) pils⑦
Schlüssel atslāga⑤
schmackhaft garšīgs
Schmerz sāpes⑥Mz
schmerzen sāpēt②
Schmuck rotas lietas⑤Mz
schmutzig netīrs
Schnaps degvīns①
schnell ātrs
schon jau
schön skaists
schreiben rakstīt②
Schuh kurpe⑥
schuldig vainīgs
Schule skola⑤
Schüler skolnieks①
schwanger grūtniecības stāvoklī
Schwein cūka⑤
schwer grūts
Schwester māsa⑤
schwimmen peldēt②
schwitzen svīst①
See (der) ezers①
sehen redzēt②
Sehenswürdigkeit ievērojama vieta⑤
Seide zīds①
Seife ziepes⑥Mz
sein (Verb) būt (① 3. ir, 3. Verg. bija)
Seite (Richtung) puse⑥
Sekunde sekunde⑥
selbst pats
selten (Umst.) reti
setzen (etw.) nolikt (①a 3. noliek, 3. Verg. nolika);
sich s. apsēsties (①a 3. apsēžas, 3. Verg. apsēdās)
sicher drošs
Silber sudrabs①
singen dziedāt②
sitzen sēdēt②
so tā
sofort tūlīt
Sohn dēls①
solch tāds
Sommer vasara⑤
Sonne saule⑥
sparen (Geld) taupīt②
spät vēls
später vēlāk
spazieren gehen pastaigāties③
Speise ēdiens①
Speisekarte ēdienkarte⑥
Spiegel spogulis②
spielen spēlēt③
Spielzeug rotaļlieta⑤
Sport sports①
Sprache valoda⑤
sprechen runāt③
spritzen (med.) injicēt③
Staatsangehörigkeit pavalstniecība⑤
Stadt pilsēta⑤
Stadtplan (pilsētas) plāns①
stark stiprs
stehen stāvēt②
Stein akmens③
Stelle (Ort) vieta⑤
stellen nolikt (①a 3. noliek, 3. Verg. nolika)
sterben mirt (① 3. mirst, 3. Verg. mira)
Stern zvaigzne⑥
Stil (Kunst) stils①
Stimme balss⑦
Stoff viela⑤
stören traucēt③
Strafe sods①

Strand jūrmala⑤
Straße iela⑤
Straßenbahn tramvajs①
Streichhölzer sērkociņi①Mz
streiten strīdēties②
Strumpf zeķe⑥
Stück gabals①
Student students①
Stuhl krēsls①
Stunde stunda⑤
suchen meklēt③
Süden dienvidi①Mz
Summe summa⑤
Suppe zupa⑤
süß salds

T

Tabak tabaka⑤
Tablette tablete⑥
Tag diena⑤
täglich ikdienas
Tal ieleja⑤
Tankstelle degvielas uzpildes stacija⑤
Tante tante⑥
tanzen dejot③
Tasche soma⑤
Tasse tase⑥
Taxi taksometrs①
Tee tēja⑤
Telefon telefons①; tālrunis②
telefonieren piezvanīt②; runāt③ pa telefonu
Teller šķīvis②
teuer dārgs
Theater teātris②
tief dziļš
Tier dzīvnieks①
Tisch galds①
Tochter meita⑤
Tod nāve⑥
Toilette tualete⑥
Tomate tomāts①
tot miris(m) / mirusi(w)
töten nonāvēt③
Tradition tradīcija⑤
tragen nest①
Traum sapnis②
traurig skumīgs
treffen (begegnen) satikt (①a 3. satiek, 3. Verg. satika)
Treppe kāpnes⑥Mz
trinken dzert①
Trinkgeld dzeramnauda⑤
trocken sauss
tun darīt②
Tür durvis⑦Mz
Turm tornis②

U

üben vingrināt②
überall visur
übermorgen parīt
übersetzen (pār)tulkot③
Übersetzer tulkotājs①
Überweisung (Geld) pārskaitījums①
übrig pārējais(m) / pārējā(w)
Uhr pulkstenis②
Umgebung apkārtne⑥
Umleitung apvedceļš①
umtauschen apmainīt②
Umweg līkums①
Umwelt vide⑥
unbekannt nepazīstams
und un
Unfall negadījums①
ungefähr apmēram
Universität universitāte⑥
unschuldig nevainīgs
unten lejā; apakšā
unterhalten, sich sarunāties③
Unterkunft mājoklis②
unterrichten mācīt②
unterschreiben parakstīt②
Urlaub atvaļinājums①

V

Vater tēvs①
verabreden, sich norunāt③ satikties
verboten aizliegts
Verbrechen noziegums①
verdienen pelnīt②
vergessen aizmirst①
vergnügen, sich izpriecāties③
verirren, sich apmaldīties②
verkaufen pārdot①
Verkehr satiksme⑥
verleihen (etw.) aizdot①
verletzt ievainots
Verletzung ievainojums①
verlieben, sich iemīlēties②
verlieren zaudēt③
vermieten izīrēt③
Vermittlung starpniecība⑤
Versicherung apdrošināšana⑤
verspäten, sich nokavēties③
verstehen saprast① (3. saprot, 3. Verg. saprata)
versuchen mēģināt②
viel daudz
vielleicht varbūt
Viertel ceturksnis②

Vogel putns①
Volk tauta⑤
voll pilns
vorbereiten sagatavot③
vorher pirms tam
Vormittag priekšpusdiena⑤
vorne priekšā
vorschlagen ierosināt②
vorstellen (jmd.) iepazīstināt②; **sich v.** iedomāties③

W

wachsen augt①a
Wagen (Auto) mašīna⑤
Waggon (Zug) vagons①
wahr pareizs
Wahrheit taisnība⑤
wahrscheinlich varbūtējs
Wald mežs①
Wand siena⑤
wandern ceļot③
wann? kad?
Ware prece⑥
warm silts
warten gaidīt②
warum? kāpēc?
was? kas?
Wäsche veļa⑤
waschen mazgāt③
Wasser ūdens③
Watte vate⑥
wechseln (Geld) mainīt②
wecken modināt②
Weg ceļš①
wegen dēļ (+2)
weich mīksts
weil tāpēc, ka
Wein vīns①
weinen raudāt②
weit tālu
welcher? kurš?(m,Ez) / kura?(w,Ez) / kuri?(m,Mz) / kuras?(w,Mz)
Welle vilnis②
Welt pasaule⑥
wenig maz
wenn (immer w.) kad; **(falls)** ja
Wespe lapsene⑥
wer? kas?
werden tapt (① 3. top)
Werkstatt darbnīca⑤
wessen? kā?
Westen rietumi①Mz
Wetter laiks①
wichtig svarīgs
wie kā(?)
wieder atkal
wiederholen atkārtot③
Wiese pļava⑤
wieviel(e)? cik?
Wind vējš①
Windel autiņš①
Winter ziema⑤
wissen zināt②
wo? kur?
woanders citur
Woche nedēļa⑤
woher? no kurienes?
wohin? uz kurieni?
wohnen dzīvot③
Wohnung dzīvoklis②
Wolke mākonis②
wollen gribēt②
Wort vārds①
Wörterbuch vārdnīca⑤
Wunde ievainojums①
wünschen vēlēt②
Wurst desa⑤

Z

Zahl skaitlis②
zahlen maksāt③
zählen skaitīt②
Zahn zobs①
Zahnarzt zobārsts①
Zahnpasta zobu pasta⑤
Zaun sēta⑤
Zeichen zīme⑥
zeigen (pa)rādīt②
Zeit laiks①
Zeitschrift žurnāls①
Zeitung avīze⑥, laikraksts①
Zelt telts①
Zentrum centrs①
Zeuge liecinieks①
ziehen vilkt①a (3. velk)
ziemlich diezgan
Zigarette cigarete⑥
Zimmer istaba⑤
Zoll muita⑤
zu (allzu) pārāk
Zucker cukurs①
zufrieden apmierināts
Zug vilciens①
zuhören klausīties②
Zunge mēle⑥
zurück atpakaļ
zusammen kopā
Zweifel šaubas⑤Mz
Zwiebel sīpols①

Wörterliste Lettisch – Deutsch

A (Ā)

acs[7] Auge
ābols[1] Apfel
āda[5] Haut, Leder
adata[5] Nadel
adrese[6] Adresse
agrāk früher
agrs früh
ainava[5] Landschaft
aita[5] Schaf
aizbraukt[1]b abfahren
aizceļošana[5] Ausreise
aizceļot[3] abreisen
aizdot[1] verleihen (etw.)
aizlidot[3] abfliegen
aizliegts verboten
aizmirst[1] vergessen
aizņemties[1] sich leihen
aizvainot[3] beleidigen
aizvilkt[1]a abschleppen
akmens[3] Stein
alga[5] Lohn
alkohols[1] Alkohol
alus[4] Bier
anglisks englisch
apciemot[3] besuchen
apdrošināšana[5] Versicherung
apkārtne[6] Umgebung
apliecība[5] Ausweis
aploksne[6] Briefumschlag
apmainīt[2] umtauschen
apmaldīties[2] sich verirren
apmēram ungefähr
apmierināts zufrieden
apsēsties[1]a* sich setzen
apskatīt[2] besichtigen
apsveikt[1]b gratulieren
aptieka[5] Apotheke
apturēt[2] anhalten
apvaicāties[3] sich erkundigen
apvedceļš[1] Umleitung
apvidus[4] Gegend
ārā draußen, hinaus
arī auch
ārstēt[3] behandeln (Arzt)
ārsts[1] Arzt
ārzemes[6]Mz Ausland
ārzemnieks[1] Ausländer
asins[7] Blut
ass scharf
atbilde[6] Antwort
atbildēt[2] antworten
atceļš[1] Rückfahrt
atkal wieder
atkārtot[3] wiederholen
atkritumi[1]Mz Müll
atļauja[5] Erlaubnis
atļaut[1]* erlauben
atlīdzība[5] Ersatz
atminēties[2]* sich erinnern
atnākšana[5] Ankunft
atnākt[1]a ankommen
atnest[1] holen; bringen
atpakaļ zurück
atpūsties[1]* sich erholen
atrast[1]* finden
ātrs schnell
atslēga[5] Schlüssel
attēls[1] Bild
atvainoties[3] sich entschuldigen
atvaļinājums[1] Urlaub
atvērt[1] öffnen
auglis[2] Frucht
augs[1] Pflanze
augš oben
augsts hoch
augt[1]a wachsen
auksts kalt
auss[7] Ohr
austrumi[1]Mz Osten
autiņš[1] Windel
avārija[5] Panne
avīze[6] Zeitung

B

bagāts reich
bagāža[5] Gepäck
baidīties[2] sich fürchten
balss[7] Stimme
banka[5] Bank (Geld)
baterija[5] Batterie
baznīca[5] Kirche
beigts kaputt
benzīns[1] Benzin
bērns[1] Kind
bet aber
bezmaksas kostenlos
bieži oft
biezs dick
bikses[6]Mz Hose
bilde[6] Bild
biļete[6] Fahr-, Eintrittskarte
birojs[1] Büro
bīstams gefährlich
bite[6] Biene
blakus (+3) neben
bojāts faul (Obst)
brālis[2] Bruder
braukšana[5] Fahrt

braukt①b fahren
brilles⑥Mz Brille
brīvdienas⑤Mz Ferien
brīvs frei
brokastis⑦Mz Frühstück
brokastot③ frühstücken
brošūra⑤ Prospekt
burkāns① Mohrrübe
burtot③ buchstabieren
burts① Buchstabe
būt①* sein (Verb);
b. (+3) haben

C / Č

caureja⑤ Durchfall
celis② Knie
celt①a heben; bauen
ceļojums① Reise
ceļot③ reisen; wandern
ceļš① Weg
cena⑤ Preis
centrs① Zentrum
cepums① Gebäck
cerēt② hoffen
ceturksnis② Viertel
ciems① Dorf
ciets fest; hart
cigarete⑥ Zigarette
cik? wie viel(e)?
cilvēks① Mensch
cits anderer;
c. citu einander
citur anderswo
cūka⑤ Schwein
cukurs① Zucker
čeks① Scheck
čemodāns① Koffer

D

daba⑤ Natur
dabisks natürlich
dabūt③ bekommen
daiļamatniecība⑤ Kunsthandwerk
dakšiņa⑤ Gabel
darbinieks① Angestellter
darbnīca⑤ Werkstatt
darbs① Arbeit
dārgs teuer
darīšanas⑤Mz Geschäft (Tätigkeit)
darīt② machen, tun
dārzs① Garten
dators① Computer
datums① Datum
daudz viel
daudzums① Menge
dāvana⑤ Geschenk
daži(m,Mz) einige; ein paar
dažreiz manchmal
debess⑦ Himmel
degt①a brennen
deguns① Nase
degviela⑤ Treibstoff
degvīns① Schnaps
dejot③ tanzen
dēls① Sohn
dēļ (+2) wegen
derīgs gültig
desa⑤ Wurst
diegs① Faden
diena⑤ Tag
dienvidi①Mz Süden
Dievs① Gott
diezgan genug, ziemlich
divritenis② Fahrrad
dokuments① Dokument
domāt③ denken
domkrats① Wagenheber
dot①* geben
draudzene⑥ Freundin
draudzība⑤ Freundschaft
draugs① Freund
drēbes⑥Mz Kleidung
drīkstēt② dürfen
drīz bald
drošs sicher
drudzis② Fieber
durvis⑦Mz Tür
dzelzceļš① Eisenbahn
dzeramnauda⑤ Trinkgeld
dzēriens① Getränk
dzert① trinken
dziedāt② singen
dziesma⑤ Lied
dziļš tief
dzimšana⑤ Geburt
dzirdāt② hören
dzīve⑥ Leben
dzīvnieks① Tier
dzīvoklis② Wohnung
dzīvot③ leben; wohnen

E (Ē)

ēdienkarte⑥ Speisekarte
ēdiens① Essen, Speise
ēka⑤ Gebäude
eksports① Ausfuhr
eļļa⑤ Öl
ēst①* essen
etiķis② Essig
ezers① See

F

fabrika⑤ Fabrik

filma[5] Film
flirtēt[3] flirten
folklora[5] Folklore
formulārs[1] Formular
fotografēt[3] fotografieren
fotogrāfija[5] Fotografie
fotoaparāts[1] Fotoapparat

G / Ģ / H

gabals[1] Stück
gadalaiks[1] Jahreszeit
gads[1] Jahr
gadsimts[1] Jahrhundert
gadskārtējs jährlich
gaidīt[2] warten
gaisma[5] Licht
gaiss[1] Luft
gaišs hell
galds[1] Tisch
gals[1] Ende
galva[5] Kopf
gaļa[5] Fleisch
garlaicīgs langweilig
garš lang
garšīgs schmackhaft
garšviela[5] Gewürz
gatavs fertig; reif
gāze[6] Gas
glāze[6] (Trink-)Glas
gleznot[3] malen
govs[1] Kuh
grāmata[5] Buch
grams[1] Gramm
gribēt[2] wollen
grīda[5] Fußboden
grupa[5] Gruppe
grūtniecība[5] Schwangerschaft
grūts schwer
gudrs klug
gulēt[2] liegen; schlafen
gulta[5] Bett
guļamistaba[5] Schlafzimmer
gurķis[2] Gurke
ģimene[6] Familie
higiēna[5] Hygiene

I (Ī)

iedomāties[3] sich vorstellen
iedzīvotājs[1] Einwohner
ieeja[5] Eingang
iegaumēt[3] sich merken
ieiet[1]* eintreten
iekāpt[1] einsteigen
iekšā drinnen
iela[5] Straße
ielaušanās[5] Einbruch
ieleja[5] Tal
ieliņa[5] Gasse
ielūgt[1] einladen
ielūgums[1] Einladung
iemesls[1] Grund, Ursache
iemīlēties[2] sich verlieben
iepazīstināt[2] vorstellen
iepazīties[1]* sich bekanntmachen
ieradums[1] Brauch
ierosināt[2] vorschlagen
iespējams möglich
iestāde[6] Behörde
iet[1]* gehen
ieteikt[1]b empfehlen
ievainojums[1] Verletzung
ievainots verletzt
ievērojama vieta[5] Sehenswürdigkeit
ikdienas täglich
ilgi lange (zeitl.)
ilgt[1]* dauern
imports[1] Einfuhr
inde[6] Gift
injicēt[3] spritzen (med.)
interesants interessant
interesēties[3] sich interessieren
īpašnieks[1] Besitzer
īpašums[1] Eigentum
īrēt[3] mieten
īss kurz
istaba[5] Zimmer
īsts echt
izeja[5] Ausgang
izīrēt[3] vermieten
izpriecēties[3] sich vergnügen
izruna[5] Aussprache
izsalcis hungrig
izskaidrot[3] erklären
izstāde[6] Ausstellung
izšķirties[1] entscheiden

J

ja wenn, falls
jā ja
jaka[5] Jacke
jau schon
jaunkundze[6] Fräulein
jauns jung; neu
jautājums[1] Frage
jautāt[3] fragen
jautrs lustig
jeb oder, beziehungsweise
jēls roh
josta[5] Gürtel
jūra[5] Meer
jūrmala[5] Strand
justies[1]* sich fühlen

Wörterliste Lettisch – Deutsch

jūtasⓢMz Gefühl

K / Ķ

ka dass
kā als, wie (Vergl.)
kā? wie?; wessen?
kad wenn, als (zeitl.)
kad? wann?
kāds jemand
kafijaⓢ Kaffee
kājaⓢ Fuß, Bein
kājām zu Fuß
kaķis② Katze
kalns① Berg
kāpēc? warum?
kāpnes⑥Mz Treppe
kāptⓑ steigen;
  k. ārā aussteigen
karogs① Fahne
karoteⓔ Löffel
karsts heiß
karš① Krieg
karteⓔ Karte
kartupelis② Kartoffel
kas? wer?; was?
kaseⓔ Kasse
katrreiz jedesmal
katrs jeder
kaulēties③ feilschen
kauls① Knochen
kaut kas etwas
kāzasⓢMz Hochzeit
klausīties② zuhören
kleitaⓢ Kleid
kļūdaⓢ Irrtum, Fehler
koks① Holz; Baum
koncerts① Konzert
konsulāts① Konsulat
kontrolēt③ kontrollieren

kopā zusammen
krāsaⓢ Farbe
krāsains farbig
krāt①* sammeln, sparen
kreisi: pa k. links
krekls① Hemd
krēsls① Stuhl
krogs① Kneipe, Gaststätte
krustojums① Kreuzung
krusts① Kreuz
krūškurvis② Brustkorb
krūts② Brust
kuģis② Schiff
kukurūzaⓢ Mais
kundze⑥ Frau (Anrede)
kungs① Herr
kupejaⓢ Abteil
kur? wo?
kurpeⓔ Schuh
kurš?(m,Ez) welcher?
kvalitāteⓔ Qualität
ķemmeⓔ Kamm

L / Ļ

labāks besser
labi: pa l. rechts
labprāt gern
labs gut
lai (+ Bedingungsform)
  damit, um zu
laikraksts① Zeitung
laiks① Zeit; Wetter
laimeⓔ Glück
laimīgs glücklich
laipns freundlich
laivaⓢ Boot
lampaⓢ Lampe
lapaⓢ Blatt
lapseneⓔ Wespe
lasīt② lesen

laukā draußen
lauks① Feld
lauksaimniecībaⓢ
  Landwirtschaft
laukums① Platz
ledus② Eis (Wasser)
ledusskapis② Kühlschrank
lejā unten
lēns langsam
lēts billig
lidmašīnaⓢ Flugzeug
lidojums① Flug
lidostaⓢ Flughafen
lidot① fliegen
līdzeklis② (Hilfs-)Mittel
līdzēt① nützen
liecinieks① Zeuge
lielisks ausgezeichnet
liels groß
lielums① Größe
lietaⓢ Ding, Sache
lietot① benutzen
lietus① Regen
lietussargs① Regenschirm
līksms fröhlich
likt①a* legen, stellen
likums① Gesetz
līkums① Umweg
logs① Fenster
lūgtⓑb* bitten
lūgums① Bitte
luksofors① Ampel
lūpaⓢ Lippe
ļaudis②Mz Leute

M

mācīt① lehren, unterrichten
mācīties② lernen
mainīt① wechseln
maizeⓔ Brot

māja⑤ Haus
mājasmāte⑥ Hausfrau
mājastēvs① Hausherr
mājoklis② Unterkunft
mākonis② Wolke
maksāt③ kosten; zahlen
māksla⑤ Kunst
māsa⑤ Schwester
mašīna⑤ Auto, Wagen
māte⑥ Mutter
mats① Haar
maz wenig
mazdēls① Enkel
mazgāt③ waschen
mazliet ein bisschen
mazmeita⑤ Enkelin
mazs klein
medīt③ jagen
medus② Honig
mēģināt② versuchen
meita⑤ Tochter
meitene⑤ Mädchen
meklēt③ suchen
mēle⑥ Zunge
melot③ lügen
mēnesis② Monat
mēness③ Mond
mētelis② Mantel
mežs① Wald
miegs① Schlaf
miers① Frieden, Ruhe
migla⑤ Nebel
mīksts weich
mīlēt② lieben
milti①Mz Mehl
minūte⑥ Minute
miris(m) / **mirusi**(w) tot
mirt①* sterben
mitrs feucht
mode⑥ Mode
modināt② wecken
motocikls① Motorrad
motors① Motor
mugura⑤ Rücken
mugursoma⑤ Rucksack
muita⑤ Zoll
muiža⑤ Gut (Herrensitz)
muļķīgs dumm
mute⑥ Mund
muzejs① Museum
mūzika⑤ Musik

N / Ņ

nabadzīgs arm
nags① (Finger-)Nagel
nākošais nächster
nākošreiz nächstes Mal
nākt①a* kommen
naktīs nachts
nakts⑦ Nacht
nauda⑤ Geld
nāve⑥ Tod
nazis② Messer
nē nein
nedēļa⑤ Woche
negaiss① Gewitter
nekā als (Vergl.)
nekad niemals
nekas; neko nichts
nekur nirgendwo
nelaime⑥ Unglück
nepareizs falsch
nepazīstams unbekannt
nepieciešams notwendig
neprecējies(m) / **neprecējusies**(w) ledig
nest① tragen
netīrs schmutzig
nevainīgs unschuldig
neviens niemand
nodoklis② Gebühr, Steuer
nodot① abgeben
nogaršot③ kosten (Essen)
noguris(m) / **nogurusi**(w) müde
nolikt①a* stellen, setzen, legen
nomāt③ mieten
nonākt①a ankommen
nonāvēt③ töten
nopirkt①* kaufen
normāls normal
norunāt③ reden, verabreden
nosūtīt② abschicken
notikums① Ereignis
novēloties③ sich verspäten
novietot③ parken
novilkt①a ausziehen
noziegums① Verbrechen
numurs① Nummer; Zimmer
ņemt① nehmen

O

ola⑤ Ei
omulīgs gemütlich
organizēt③ organisieren
orgāns① Organ
osta⑤ Hafen

P

pabeigt①b beenden
pacients① Patient
padoms① Rat
paēdis(m) / **paēdusi**(w) satt
pagalam kaputt
paka⑤ Paket
paldies danke
palīdzēt② helfen

palīdzība⑤ Hilfe
palīgā! Hilfe!
palikt①a* bleiben
panākums① Erfolg
papīrs① Papier
parādīt② zeigen
pārāk zu (sehr)
parakstīt② unterschreiben
pārdot① verkaufen
pareizs richtig, wahr
pārējais(m) / **pārējā**(w) übrig
pāris① Paar; ein paar, einige
parīt übermorgen
parks① Park
pārskaitījums① Überweisung (Geld)
pārtika⑤ Lebensmittel
pārtraukt①b aufhören
pārtraukums① Pause
pārtulkot③ übersetzen
pasaule⑥ Welt
pase⑥ Reisepass
pastaigāties③ spazierengehen
pasteigties①b sich beeilen
pastkarte⑥ Postkarte
pastmarka⑤ Briefmarke
pasts① Post(amt)
pasūtījums① Bestellung
pasūtīt② bestellen, buchen
pateikties①* danken
patīkams gemütlich
patikt①* gefallen
pats selbst;
viens p. allein
pavadīt② begleiten
pavalstniecība⑤ Staatsangehörigkeit
pavalstnieks① Bürger
pavasaris② Frühling
pazeminājums① Ermäßigung
paziņot③ benachrichtigen
pazīt①* kennen
pēcpusdiena⑤ Nachmittag
pēkšņi plötzlich
peldbikses⑥Mz Badehose
peldēt② schwimmen
peldēties② baden
peldkostīms① Badeanzug
pelnīt② verdienen
perons① Bahnsteig
persona⑤ Person
pieceltíes①a aufstehen
piederumi①Mz Zubehör, Geräte
piedzēries betrunken
pieklājīgs höflich
piekrāpt①a betrügen
piekrist①* einverstanden sein
piemērs① Beispiel
piemineklis② Denkmal
piemiņa⑤ Andenken
piens① Milch
pierādījums① Beweis
pieradināties② sich gewöhnen
pieteikt①b anmelden
pietiekami genug
pietura⑤ Haltestelle
piezvanīt② anrufen
pilns voll
pils⑦ Burg, Schloss
pilsēta⑤ Stadt
pilsonis② (Staats-)Bürger
pirksts① Finger
pirkt①* kaufen
pirms bevor
plāksteris② Pflaster
plāns① Plan, Stadtplan
plats breit
pliks nackt
pļava⑤ Wiese
poga⑤ Knopf
policija⑤ Polizei
politika⑤ Politik
potēt③ impfen
prāmis② Fähre
prece⑥ Ware
precīzs pünktlich
precēts pāris② Ehepaar
pretī gegenüber
prezervatīvs① Präservativ
priecāties③ sich freuen
priekšā vorne;
uz priekšu geradeaus
priekšpusdiena⑤ Vormittag
privāts privat
problēma⑤ Problem
profesija⑤ Beruf
programma⑤ Programm
pudele⑥ Flasche
puika⑤ Junge
puķe⑥ Blume
pulkstenis② Uhr
pusdiena⑤ Mittag; Mittagessen
puse⑥ Hälfte, Seite
putns① Vogel

R

radio Radiogerät
rādīt② zeigen
rakstīt② schreiben
raudāt② einen
redzēt② sehen
reģistrēt③ registrieren
rēķināt② rechnen

rēķins① Rechnung
remontēt③ reparieren
restorāns① Restaurant
reti selten (Umst.)
rezervēt③ reservieren
riepa⑤ Reifen
rietumi①Mz Westen
riņķis② Kreis
rīsi①Mz Reis
rīt morgen
ritenis② Rad
rītos morgens
rīts① Morgen
robeža⑤ Grenze
roka⑤ Hand, Arm
rotaļlieta⑤ Spielzeug
rotas lietas⑤Mz Schmuck
rudens③ Herbst
runāt③ reden, sprechen
rūpniecība⑤ Industrie

S

saaukstējies(m) /
saaukstējusies(w) erkältet
sabiedrība⑤ Gesellschaft
sacīt②* sagen
sagatavot③ vorbereiten
saite⑥ Binde, Verband
saknes⑥Mz Gemüse
sākt①a anfangen, beginnen
sala⑤ Insel
saldējums① Speiseeis
salds süß
sāls⑦ Salz
salt①* frieren
salts kalt
samaksāt③ bezahlen
saņemt① empfangen,
sāpes⑥Mz Schmerz
sāpēt② schmerzen
sapnis② Traum
saprast①* verstehen
saraksts① Fahrplan
sarežģīts kompliziert
saruna⑤ Gespräch
sarunāties③
sich unterhalten
satiksme⑥ Verkehr
satikt①a* treffen
satikties① sich begegnen
saukt①b rufen
saule⑥ Sonne
sauss trocken
sēdēt② sitzen
sega⑤ (Bett-)Decke
seja⑤ Gesicht
sekunde⑥ Sekunde
sēne⑥ Pilz
sens alt
sērkociņi①Mz Streichhölzer
sēta⑤ Zaun
siena⑤ Wand
siers① Käse
sieva⑤ Ehefrau
sieviete⑥ Frau
silts warm
sīpols① Zwiebel
sirds⑦ Herz
sirsnīgs herzlich
sist①* schlagen
sīvs scharf (Geschmack)
skābs sauer (Geschmack)
skaidra nauda⑤ Bargeld
skaists schön
skaitīt② zählen
skaitlis② Zahl
skaļš laut
skaņuplate⑥ Schallplatte
skola⑤ Schule
skolnieks① Schüler
skolotājs① Lehrer
skriet①* laufen, rennen
skudra Ameise
skumīgs traurig
skūpstīt② küssen
slāpes⑥Mz Durst
slapjš nass
slāpt①* Durst haben
slavens berühmt
slēgts geschlossen
slikts schlecht
slimība⑤ Krankheit
slimnīca⑤ Krankenhaus
slims krank
slinks faul, träge
slota⑤ Besen
smaidīt② lächeln
smēķēt③ rauchen
smieties①* lachen
smiltis⑦Mz Sand
sodīt② bestrafen
sods① Strafe
sols① (Sitz-)Bank
soma⑤ Tasche
spainis② Eimer
spēlēt③ spielen
spogulis② Spiegel
sports① Sport
stacija⑤ Bahnhof
starpniecība⑤ Vermittlung
starptautisks international
stāstīt② erzählen
stāsts① Geschichte
stāvēt② stehen
stāvoklis② Lage
stāvs① Etage
steidzams dringend
stikls① Glas (Material)
stils① Stil (Kunst)

Wörterliste Lettisch – Deutsch

stiprs stark
strādāt③ arbeiten
strādīgs fleißig
strādnieks① Arbeiter
strīdēties② streiten
strutas⑤Mz Eiter
students① Student
stunda⑤ Stunde
sudrabs① Silber
sūdzēties② sich beschweren
suka⑤ Bürste
summa⑤ Summe
suns① Hund
sūtīt② schicken, senden
suvenīrs① Andenken
svaigs frisch
svarīgs wichtig
svars① Gewicht
sveicināt② grüßen
svešs fremd
svētki①Mz Fest
sviests① Butter
svinības⑤Mz Feier
svīst① schwitzen

Š

šad un tad ab und zu
šaubas⑤Mz Zweifel
šaurs eng
šefs① Chef
šeit hier
šis dieser
šķēres⑥Mz Schere
šķidrs flüssig
šķiltavas⑤Mz Feuerzeug
šķiņķis② Schinken
šķīvis② Teller
šodien heute
šoferis② Chauffeur
šurp hierher
švārki①Mz Rock

T

tā so
tabaka⑤ Tabak
tablete⑥ Tablette
tad dann
tāds solcher
tagad jetzt
taisnība Wahrheit
taksometrs① Taxi
tāls; tālu weit, fern
tante⑥ Tante
tāpēc deshalb; **t., ka** weil
tapt①* werden
tas jener
tase⑥ Tasse
taupīt② sparen (Geld)
tauta⑤ Volk
tautība⑤ Nationalität
te hier
teātris② Theater
teikt①b sagen
teikums① Satz (Sprache)
tēja⑤ Tee
telefons① Telefon
televizors① Fernsehgerät
telpa⑤ Raum
telts① Zelt
tēvocis② Onkel
tēvs① Vater
ticēt② glauben
tieši genau (Umst.)
tiesības⑤Mz Recht
tievs dünn
tikai nur
tilts① Brücke
tirdzniecība⑤ Handel
tirgus② Earkt
tīrīt② säubern
tīrs sauber
tomāts① Tomate
tornis② Turm
tradīcija⑤ Tradition
tramvajs① Straßenbahn
traucēt③ stören
trūcīgs arm
tualete⑥ Toilette
tukšs leer
tūlīt sofort
tulkot③ übersetzen
tulkotājs① Übersetzer
tulks① Dolmetscher
tumšs dunkel
tur dort, da
turēt② halten
turp dorthin
tuvākajs nächster
tuvs nah

U (Ū)

ūdens③ Wasser
uguns③ Feuer
ugunsgrēks① Brand
un und
universitāte⑥ Universität
upe⑥ Fluss
uzcelties①a aufstehen
uzrakstīt② aufschreiben
uzturēšanās⑤ Aufenthalt
uzturēt② erhalten
uzvārds① Nachname
uzziņas⑤Mz Auskunft

V

vāciete⑥ Deutsche

vācietis[2] Deutscher
Vācija[5] Deutschland
vadība[5] Führung
vadītājs[1] Chef
vai ob; oder
vainīgs schuldig
vairāk mehr
vajadzēt[2] brauchen
vajag müssen
vakar gestern
vakariņas[5]Mz Abendessen
vakariņot[3] zu Abend essen
vakaros abends
vakars[1] Abend
valoda[5] Sprache
valūta[5] Devisen
vannas istaba[5] Badezimmer
varbūt vielleicht
varbūtējs wahrscheinlich
vārdnīca[5] Wörterbuch
vārds[1] Wort; Vorname
varēt[2] können
vārīt[2] kochen
vasara[5] Sommer
vate[6] Watte
vecāki[1]Mz Eltern
vecpilsēta[5] Altstadt
vecs alt
vecums[1] Alter
vēders[1] Bauch
veidlapa[5] Formular
veikals[1] Geschäft (Laden)
vējš[1] Wind
vēl noch
vēlāk später
vēlēties[3] wünschen
vēlreiz noch einmal
vēls spät
veļa[5] Wäsche
veselība[5] Gesundheit
vesels gesund
vēss kühl
vēstniecība[5] Botschaft
vēstule[6] Brief
vide[6] Umwelt
viegls leicht
viela[5] Stoff
vienkāršs einfach
vienmēr immer
vienreiz einmal
viesis[2] Gast
viesnīca[5] Hotel
viesošanās[5] Besuch
vieta[5] Stelle, Ort, Platz
vilciens[1] Zug
vilkt[1]a* ziehen
vilnis[2] Welle
vingrināt[2] üben
vīns[1] Wein
vīrietis[2] Mann
vīrs[1] Mann; Ehemann
virziens[1] Richtung
viss ganz, alles
vista[5] Huhn
visur überall

Z / Ž

zādzība[5] Diebstahl
zāles[6]Mz Medikament
zaudēt[3] verlieren
zelts[1] Gold
zeķe[6] Strumpf, Socke
zeme[6] Land, Erde
zemnieks[1] Bauer
zems niedrig
zēns[1] Junge
zīds[1] Seide
ziede[6] Salbe
ziema[5] Winter
ziemeļi[2]Mz Norden
ziepes[6]Mz Seife
zīme[6] Zeichen
zīmulis[2] Bleistift
zināt[2] wissen
ziņa[5] Nachricht
ziņkārīgs neugierig
zirgs[1] Pferd
zivs[7] Fisch
zobārsts[1] Zahnarzt
zobs[1] Zahn;
zobu pasta[5] Zahnpasta
zupa[5] Suppe
zvaigzne[6] Stern
žurnāls[1] Zeitschrift

Der Autor

Bernard Christophe:

Ich bin 1963 in Rio de Janeiro (Brasilien) geboren und sowohl dort als auch in Dänemark aufgewachsen. Nach meinem Studium der Vergleichenden Sprachwissenschaft mit Schwerpunkten in den finno-ugrischen, baltischen und skandinavischen Sprachen habe ich einige Jahre als Reiseleiter für deutsche Gruppen in Mittelnorwegen gearbeitet. Danach war ich mehrere Jahre als Sprachwissenschaftler an der Universität Jena tätig. Gegenwärtig forsche ich zu Themen der baltischen Geschichte.

Ich möchte an dieser Stelle all denjenigen danken, die mir beim Verfassen dieses Kauderwelsch-Bandes geholfen haben. Sie haben sich alle intensiv mit dem Manuskript beschäftigt und zahlreiche Verbesserungsvorschläge gemacht.

Es hat mich sehr gefreut, dass sich zu den früheren Auflagen dieses Bandes einige Leser – auch aus Lettland! – mit Anregungen und Verbesserungsvorschlägen gemeldet haben. Ich bin sehr dankbar für Hinweise, die ich bei künftigen Auflagen berücksichtigen könnte.

Viel Spaß und gute Reise!